생태법학

입문

조희문 지음

생태법학 입문

법의 언어로 자연과 대화하는 법

알렙

들어가며

생태문명 전환기, 법은 무엇을 보호해야 하는가

오늘날 인류는 문명의 근본적 기반을 다시 묻는 전환의 시점에 서 있다. 기후변화, 생물 다양성의 붕괴, 플라스틱 오염, 삼림 파괴 등으로 대표되는 전 지구적 위기는 단순한 환경 문제가 아니라, 인간 중심으로 설계된 근대 문명의 구조에 대한 근본적인 성찰을 요구하고 있다. 이러한 변화의 흐름 속에서, 법 역시 그 역할과 구조를 근본적으로 재정의해야 할 필요에 직면하고 있다.

전통적으로 법은 인간 사회의 질서를 유지하고, 인간의 권리와 이익을 보호하는 것을 중심으로 발전해 왔다. 사유재산, 계약, 자유, 책임, 형벌 등 법의 주요 개념과 제도는 인간을 법의 유일한 주체로 상정하며 형성되었다. 자연은 그 안에서 보호의 대상이거나 인간을 위한 자원으로 간주되었을 뿐, 스스로 권리를 주장하거나 의무를 지는 법적 주체로는 인정되지 않았다.

그러나 오늘날의 생태적 위기는 근대 법체계에 근본적인 질문을 던진다.

자연은 법의 주체가 될 수 없는가?
비인간 존재들은 왜 법 앞에 설 수 없는가?

이 책은 이러한 물음에서 출발한다. 인간 중심의 법에서 벗어나, 생명 전체를 법의 범주 안으로 포함하려는 새로운 시도, 곧 생태법학(Ecological Jurisprudence)의 이론적 토대와 제도적 구조를 모색하는 것이다. 특히 이 책은 자연을 넘어 인공지능, 로봇, 우주 생태계 등 오늘날 사회에 실질적 영향을 미치는 새로운 존재들까지 포괄하여, 법이 이들과 어떻게 관계를 맺고 책임과 권리를 조정할 수 있는지를 탐구한다. 이는 인간, 생태계, 기술, 그리고 우주가 서로 연결된 21세기 사회에 걸맞은 법의 새로운 형태를 모색하는 시도이기도 하다.

법의 전환: 인간 중심에서 생명 중심으로

근대 법학은 인간의 이성과 계약을 기초로 질서를 구축해 왔다. 그러나 생태법학은 법의 목적을 '인간의 권리 보장'에서 '생명 공동체 전체의 조화로운 존속'으로 확장한다. 이 전환의 가장 상징적인 사례가 바로 에콰도르 헌법(2008)과 콜롬비아 헌법재판소의 아트라토강 판결(2016)이다. 에콰도르는 헌법 제71조에서 "자연, 즉 파차마마(Pachamama)는 존재하고 유지되며 재생될 권리를 가진다"라고 명시함으로써, 자연을 보호의 대상이 아닌 헌법적 권리의 주체로 선언했다. 이 조항은 이후 구체적 판결에서 생명력을 얻었다. 로스 세드로스(Los Cedros) 사건(2021)에서 에콰도르 헌법재판소는 생태계의 다양성과 복원력을 근거로 광산 개발 허가를 취소하며 "자연의 권리는 인간의 경제적 이익보다 우선한다"라고 판시했다. 이어 에스트렐리타(Estrellita) 판결(2022)에서는 동물 개체에도 헌법상 보호를 인정하며 "동물은 단순한 재산이 아니라 고유한 존엄을 지닌 생명체"라고 선언했다. 이 일련의 판례는 자연권이 단순한 상징이 아니라 실질적 헌법 질서의 구성 요소로 기능할 수 있음을 보여준다.

이와 같은 흐름은 남미를 넘어 국제법 차원에서도 확장되고 있다. 2024년 국제사법재판소(ICJ)는 역사적인 기후변화 관련 권고적 의견(Advisory Opinion on Climate Change)을 통해, "기후변화는 단지 환경 문제가 아니라 인류의 생존과 미래 세대의 권리에 관한 문제이며, 국가들은 생태계 보전과 기후 안정을 위한 법적 의무를 부담한다"라고 명시했다. 이는 국제 공법상으로도 기후행동 의무를 도덕적 선택이 아닌 법적 의무로 격상시킨 전환점이었다. 이보다 앞서 미주인권재판소(IACtHR)는 2017년 자문 의견(OC-23/17)에서 "건강한 환경에 대한 권리는 자율적 인권으로서, 인간뿐 아니라 생태계 자체의 존속이 보호되어야 한다"라고 선언했다. 이 결정은 환경권을 인권의 하위 개념이 아닌 독립적 기본권으로 규정한 최초의 초국가적 판례로 평가된다.

이러한 국제적 진전은 법의 주체와 범위를 국가의 경계와 세대의 한계를 넘어 확장하는 흐름을 보여준다. 독일 연방헌법재판소는 2021년 "2030년 이후 온실가스 감축 목표 부재가 미래 세대의 기본권을 침해한다"라고 판시했고, 한국 헌법재판소 역시 2024년 기후 정책 미비가 국민의 생명권·환경권을 실질적으로 침해할 수 있음을 인정했다. 필리핀의 마이노스 오포사(Minors Oposa) 사건(1993)에서는 미성년자들이 미래 세대를 대표하여 산림 보호를 청구할 자격을 인정받았으며, 유럽인권재판소(ECHR) 역시 2024년 스위스 기후 시니어 여성 단체가 스위스 정부를 상대로 한 소송(KlimaSeniorinnen v. Switzerland)에서 '기후위기는 인권의 문제'임을 천명했다.

이렇듯 전 세계의 법원과 국제재판소들은 공통된 방향으로 나아가고 있다. 법은 더 이상 현재 세대의 권리만을 다루지 않는다. 법은 시간을 건너는 정의(temporal justice), 즉 미래 세대의 권리와 비인간 존재의 존엄을 함께 포용하는 정의의 언어로 진화하고 있다. 이제 법은 인간의 언어를 넘어 생명과 시간의 언어로 새롭게 쓰여야 한다. 생태법학은 바로 그 변화를 이끄는 이론적 토대이자, 지구적 법질서의 새로운 언어를 만들어 가는 철학적 실천이다.

법의 새로운 확장

21세기 들어 법은 더 이상 인간과 국가만을 다루지 않는다. 인공지능, 로봇, 위성 네트워크, 우주 생태계 등 새로운 존재들이 사회적 행위자로 등장하고 있다. 생태법학은 이러한 현실을 반영해, 법적 주체성을 인간에서 생태계·기술·우주로 확장하는 패러다임이다.

환경법과 생태법학의 차이		
구분	환경법	생태법학
법적 패러다임	인간 중심	생명·생태·기술을 포괄하는 통합적 구조
자연의 법적 지위	보호 대상	생태계·AI·우주까지 주체로 확장
규제 방식	오염 규제 중심	다양한 주체 간의 책임·복원 조정
적용 범위	물리적 환경	인간, 자연, AI, 기술, 우주 환경
사회적 목표	환경 보전	생태 정의, 지속 가능성, 기술 윤리, 공동체 설계
출처: 저자 작성		

이 패러다임은 이미 세계 곳곳에서 법제화되고 있다. 뉴질랜드는 2017년 마오리족의 전통에 따라 황가누이강(Whanganui River)에 법적 인격을 부여했고, 유럽연합은 2024년 〈인공지능 법(EU Artificial Intelligence Act)〉을 통과시켜 AI의 위험 등급에 따라 책임

구조를 명확히 규정했다. 이러한 변화는 '비인간 존재도 법의 일부가 될 수 있다'라는 새로운 법적 상상력을 보여준다.

책의 구성과 목적

이 책은 생태법학의 철학적 기초에서 제도적 구현까지, 이론과 현실을 함께 다루기 위해 총 3부 8장으로 구성했다. 1부에서는 생태법학의 개념적 형성과 학문적 위상을 다룬다. 먼저, 법이 자연을 객체로 전락시킨 역사적 과정을 되짚고, 인간 중심 법체계가 가지는 존재론적 한계를 분석한다(제1장). 이어 생태법학의 사상적 기원을 20세기 환경윤리, 심층 생태론, 가이아 이론 등에서 추적하고, 현대 법학 내에서의 이론적 변화를 체계적으로 정리한다(제2장). 마지막으로 생태법학의 기본 원칙과 학문적 분류 체계를 제시하여, 생태법학이 독립된 법학의 한 분과로 성립할 수 있는 방법론적 토대를 제시한다(제3장).

제2부는 생태법학의 철학적 기반과 법체계 내 제도적 구현을 집중적으로 다룬다. 제4장은 생태법학이 자연법·심층 생태론·지구법학(Earth Jurisprudence) 등과 어떻게 연결되는지를 분석하며, 환경윤리의 전환과 생태정의, 탈식민주의 법학을 통해 법의 규범 구조 자체가 어떻게 변형되어야 하는가를 탐구한다. 또한 자연을 법적 주체로 인정하기 위한 권리·책임·의무의 재구성, 그리고 에콰도르·콜롬비아의 제도적 모델을 통해 구체적 방향을 제시한다.

제5장은 법적 주체성의 개념을 자연에서 인공지능과 우주 생태계로 확장하여, 21세기 기술 문명과 생태 체계가 교차하는 지점에서 새로운 인격성의 법 이론을 제시한다. 여기서 '다원적 인격성(plural personhood)' 개념은 생태법학이 단순히 환경법의 확장이 아니라, 법의 존재론 자체를 재구성하는 시도임을 보여준다.

제3부는 생태법학의 실천적 적용과 제도화 가능성을 다룬다. 제6장은 환경법과 생태법학의 규범 패러다임 차이를 분석하고, 판례에 나타난 자연 권리와 동물 권리의 인정 기준을 제시하며, 국제법에서의 생태적 전환, 특히 국제사법재판소, 미주인권재판소의 판례를 통해 생태법학의 실천적 확장 가능성을 탐구한다. 제7장은 생태헌법의 개념을 중심으로, 에콰도르·볼리비아·콜롬비아 등 라틴아메리카 국가들의 사례를 분석하고, 헌법·민법·형법·기업법 등 각 영역에서 생태법학의 제도화 방안을 제시한다. 기업의 환경 책임(ESG)·생태계 서비스 보상제(PES)·청정 개발 체계(CDM)와 같은 국제 제도의 법적 연결성도 함께 검토한다. 마지막으로 제8장은 한국을 중심으로 한 국내 법제 전환을 다룬다. 한국 법원 판례에 나타난 자연 권리적 해석의 발전과 2024년 헌법재판소의 기후변화 소송(2022헌마846 등) 결정을 중심으로, 한국형 생태헌법주의(Ecoconstitutionalism)의 가능성과 향후 헌법 개정의 방향을 모색한다.

법의 새로운 언어를 위하여

『생태법학 입문』은 단순한 환경법 해설서가 아니다. 법의 근본 개념인 인격, 권리, 책임을 생명 공동체 전체의 관점에서 다시 쓰려는 시도이자, 법학이 생태문명의 전환기에 수행해야 할 철학적·실천적 언어의 재발명이다. 오늘날 전 세계 곳곳에서 미래 세대가 원고가 되어 국가를 상대로 기후 소송을 제기하고 있다. 독일 연방 헌법재판소나 한국 헌법재판소의 최근 판결들은 모두 법이 인간 사회의 질서 유지에 머무르지 않고, 미래 세대와 생태계 전체의 생존권을 보장하는 존재론적 질서로 확장되고 있음을 보여준다.

법은 더 이상 권력과 통제의 언어가 아니라, 생명과 공존의 언어가 되어야 한다. 법이 인간 문명의 발전을 이끌어 왔다면, 이제는 지구 생태계의 지속 가능성을 설계하는 도구가 되어야 한다. 『생태법학 입문』이 법학자, 정책 입안자, 공무원, 기업가, 시민 모두에게 생태적 상상력과 법적 감수성을 일깨우는 길잡이가 되기를 바란다. 우리가 '법의 언어로 자연과 대화'할 때, 비로소 인간과 지구는 함께 살아갈 수 있을 것이다.

2025년
저자 씀

CONTENTS

들어가며 • 5

제1부 생태법학의 탄생과 이론적 기초

제1장 생태법학의 개념과 필요성 • 20

제2장 생태법학의 역사와 주요 이론 • 40

제3장 생태법학의 방법론과 분류 체계 • 56

제2부 생태법학의 법적 기초

제4장 생태법학의 철학적·법적 기반 • 81

제5장 새로운 법적 주체: 자연, 인공지능, 그리고 생태계의 다양성 • 98

제3부 생태법학의 법체계 적용

제6장 법 패러다임의 전환: 생태법학의 구조적 도전과 확장 • 125

제7장 생태법학의 적용 가능성과 법 제도적 수용 • 146

제8장 한국에서의 생태헌법적 전환: 법원 판례와 헌법재판소의 역할 • 186

맺음말: 생태적 전환을 위한 법의 재발명 • 208

참고문헌 • 213

| 일러두기 |

제5장은 조희문, 「생태세(Ecopocene) 시대의 법인격 재구성: 공익목적 법인격에 관하여」, 《외법논집》 제49권 제3호(2025)의 일부를 바탕으로 작성했다.

제6장 2절은 조희문, 「자연 권리 인정기준에 관한 비교법적 연구: 에콰도르 Los Cedros 사건과 콜롬비아 Atrato 사건을 중심으로」, 《외법논집》 제49권 제2호(2025)의 일부와 조희문, 「동물의 법적 주체성에 관한 비교법적 연구: 라틴아메리카 판례 분석과 한국에의 시사점」, 《강원법학》, 제79권(2025)의 일부를 바탕으로 작성했다.

제7장 2절은 조희문, 「인간중심적 환경헌법에서 생태중심적 환경헌법으로: 라틴아메리카 국가들의 기여」, 《중남미연구》, 제40권 제3호(2021)의 일부를 바탕으로 작성했다.

제8장 1절은 조희문, 「한국법원판례에 나타난 자연권리와 법원의 역할」, 《강원법학》 68호(2022)의 일부를 바탕으로 작성했다.

제1부

생태법학의 탄생과 이론적 기초

인류 문명은 법으로 시작되었다. 법은 인간이 혼돈을 질서로 바꾸기 위해 세운 첫 번째 언어였고, 그 언어는 곧 문명의 뼈대가 되었다. 그러나 법이 문명을 완성해 갈수록, 우리는 그 법이 놓여 있던 자연의 바탕을 잊어 갔다. 법은 인간의 권리와 자유를 정교하게 다듬었지만, 그 과정에서 자연은 단지 '보호의 대상'이나 '이용의 조건'으로 전락했다. 자연은 법의 문장 속에서 침묵했고, 법은 자연의 침묵 위에 인간의 질서를 세웠다.

오늘날 인류는 기후위기와 생태계 붕괴의 시대를 맞이하고 있다. 이 위기는 단순히 환경의 문제가 아니라, 법 자체의 위기이기도 하다. 법이 인간만을 위한 법이었기 때문이다. 따라서 이제 법은 다시 생명으로 돌아가야 한다. 그 귀향의 학문이 바로 생태법학(Ecological Jurisprudence)이다.

생태법학은 환경법의 확장이 아니다. 그것은 인간법학의 해체적 확장이다. 근대 법학이 인간의 이성, 자유, 권리를 법의 근원으로 삼았다면, 생태법학은 그 근원을 생명의 질서와 상호 의존성에서 다시 찾으려는 것이다. 이 새로운 법학은 인간 중심의 법질서를 넘어, 지구 생태계 전체를 법의 주체이자 규범의 근거로 인정하려는 것이다. 즉, 법의 궁극적 목적을 사회적 정의에서 생태적 조화와 생명 공동체의 지속 가능성으로 확장하려는 것이다. 이러한 전환은 법의 근본 구조를 재구성하는 작업이다.

생태법학은 인간이 만든 규범 체계를 부정하는 대신, 그 위에 생명의 질서를 중첩시킴으로써, 법을 지구 생명 공동체의 언어로 다시 쓰는 시도이다. 따라서 생태법학은 법철학의 일부가 아니라, 법철학의 새로운 단계이며, 헌법과 국제법을 통합하는 메타 법학(Meta-jurisprudence)으로 발전해야 한다. 그 철학적 핵심은 다음과 같다.

"법은 인간을 위한 것이 아니라, 생명이 지속되기 위한 것이다."

제1부는 생태법학의 출발점이 된 사상적 흐름과 이론적 구조를 밝히고자 한다. 그 핵심은 세 가지이다.

첫째, 생태법학의 개념과 필요성(제1장). 둘째, 자연법 전통과 철학적 기반(제2장). 셋째, 생태법학의 주요 학파와 이론 구조, 그리고 그 원칙(제3-4장).

이 네 개의 장은 생태법학이 단순한 환경법의 확장이 아니라 법의 존재론적 패러다임 전환임을 보여줄 것이다.

"법은 인간의 문명에서 태어났지만,
이제 생명의 문명으로 돌아가야 한다."

제1장
생태법학의 개념과 필요성

1 법이 자연을 잊었을 때

법은 인간 문명의 정수를 담아온 질서의 언어였다. 그러나 그 질서는 오랫동안 자연의 침묵 위에 세워진 언어이기도 했다. 근대 법체계는 사회계약, 인권, 사유재산, 그리고 시장의 자유를 중심으로 발전했지만, 그 모든 제도와 논리는 자연을 배경에 머무르게 했다. 자연은 법의 주체가 아니라 객체였고, 보호의 대상이 아니라 이용의 대상이었다.

하지만 21세기 초입의 인류세(Anthropocene)는 이 오랜 전제를 흔들어 놓았다. 기후위기와 생물 다양성 붕괴, 토양의 황폐화와 해양의 산성화는 인간과 자연이 맺어온 관계가 더 이상 지속될 수 없음을 보여준다. 이러한 전환의 시대에 '법이 어떻게 자연을 다시 기억할 것인가'라는 물음이 생태법학의 출발점이다.

생태법학은 단순한 환경법의 확장이 아니라, 법과 생명, 인간과 자연의 관계를 근본적으로 다시 묻는 법철학적 사유이다. 그것은 '인간을 위한 법'에서 '자연 속의 법'으로 나아가려는 시도이며, 법의 존재론 자체를 새롭게 정의하려는 노력이다.

2 인간 중심 법체계의 형성과 한계

법은 인간의 삶을 지키기 위해 만들어졌다. 고대든 현대든, 법은 줄곧 인간의 필요와 이익을 기준으로 움직여 왔다. 그러다 보니 자연은 오랫동안 법의 관심 밖에 있었다. 나무, 강, 바다, 동물은 법이 보호할 '주체'가 아니라, 인간이 소유하고 개발하고 때로는 파괴해도 되는 '대상'으로 여겨졌다.

우리가 지금 사용하는 법의 뿌리를 더듬어 보면, 고대 로마법이나 중세 유럽의 법률 체계가 그 출발점이다. 이 시기 사람들은 자연을 인간이 마음대로 사용할 수 있는 '소유물'로 생각했다. 자연은 그 자체로 존중받는 존재가 아니었다.

근대에 들어서면서 이런 생각은 더 강해졌다. 특히 존 로크(John Locke)는 "인간이 자연에 노동을 들이면, 그 자연물은 인간의 것이

된다"라고 주장했다.[1] 이런 생각은 근대 사유재산 개념의 기초가 되었고, 오늘날까지도 우리가 '내 땅', '내 물', '내 자원'이라고 말할 수 있는 근거가 된다.

전통적으로 로마법은 자연 및 비인간 존재를 단순한 '객체(object)'로 취급하는 경향이 강했다. 고대 로마에서는 'res nullius' 개념이 자연물이나 야생 동물 등을 가리키는 법률 용어로 사용되었다.[2] 'res nullius'는 문자 그대로 '아무의 것이 아닌 것(things belonging to no one)'을 뜻하며, 이는 아직 어느 누구의 소유권도 성립되지 않은 물건이나 자연물을 가리킨다. 로마 법학자들은 이러한 'res nullius' 상태의 자연물이나 야생 동물을, 최초 점유자(occupans)가 점유함으로써 소유권을 취득할 수 있다고 보았다. 이 점유 방법은 'occupatio(occupation)'라 불리며, 기존에 주인이 없던 대상에 대해 점유의 의사를 갖고 취득함으로써 법적 권리를 획득하는 규범적 장치였다. 따라서 로마법 체계 내에서는 자연은 처음에는 소유의 대상이 아닌 무주물 상태에 있지만, 인간의 점유 행위를 통해 비로소 법적 소유의 공간으로 전환될 수 있는 존재였다. 이처럼 자연이 법의 객체로 취급되어 온 법 전통은, 현대 생태법학이 도전하고자 하는 중심 논점 중 하나이다.

---

1) John Locke, *Two Treatises of Government*, ed. Peter Laslett, Cambridge: Cambridge University Press, 1988[1690], Second Treatise, §27.
2) 가이우스는 『법학개론(*Institutes*)』 제2권 제66조에서, "주인이 없는 것은 자연의 이치에 따라 먼저 점유한 자의 것이 된다"고 서술하며, 야생동물과 자연물을 'res nullius'로 규정했다(Gaius, *Institutes*, II. 66-69).

근대 산업혁명의 거센 파도 속에서 이러한 시각은 더 공고해졌다. 숲은 베어낼 목재로, 강은 수력발전의 동력으로, 바다는 어획 구역으로 인식되었고, 그 가치는 점차 화폐 단위로 환산되기 시작했다.3) 법 역시 이에 발맞추어 자연을 국가나 기업이 개발하고 이용할 수 있는 '자원'으로 규정하며, 경제적 가치가 우선하는 틀을 마련했다.

근대 이후 법은 자연을 보호하기보다는 개발과 소유를 정당화하는 도구로 작용해 왔다. 광산 개발, 대규모 삼림 벌채, 하천 정비와 같은 사업들은 '국가의 부(富)'와 '경제 발전'이라는 이름 아래 법적으로 권장되거나 보호받았다.4) 토지는 곧 국부였고, 자연은 성장의 연료였다.

20세기 후반에 이르러서야 환경 문제에 대한 사회적 경각심이 높아졌고, 각국은 환경법을 제정하기 시작했다. 그러나 그 내용의 상당수는 철저히 인간 중심의 사고방식에 머물러 있었다. 예컨대 '환경영향평가(Environmental Impact Assessment, EIA)' 제도는 새로운 개발 프로젝트가 자연에 미칠 부정적 영향을 사전에 검토하도록 요구한다. 겉보기에는 자연보호를 위한 장치처럼 보이지만, 실상은 개발을 허용하기 위한 전제 조건으로 작동하는 경우가 많다.5) 핵심은 '개발을 중단하라'가 아니라, '피해를 최소화하면서 개발

---

3) Carolyn Merchant, *The Death of Nature: Women, Ecology, and the Scientific Revolution*, Harper & Row, 1980, Ch. 1.
4) Aldo Leopold, *A Sand County Almanac*, Oxford University Press, 1949.
5) E. P. Thompson, *Customs in Common*, New Press, 1993.

을 진행하라'에 가까웠다. 이처럼 법의 시선은 오랫동안 철저히 인간을 중심에 두었다. 자연은 법의 주체가 아니라 수단이었고, 보호의 필요성이 언급될 때조차도 주된 이유는 인간의 건강과 복지를 지키기 위해서였다.[6]

그러나 오늘날 기후변화와 생태계 파괴는 더 이상 자연만의 문제가 아니다. 그것은 우리의 생존과 직결된 문제로 다가오고 있다. 더 이상 자연을 '마음대로 쓸 수 있는 대상'으로만 본다면, 그 파괴는 곧 인간 자신에게 되돌아올 것이다.

오늘날 법은 환경을 보호해야 한다고 말한다. 하지만 그 출발점이 언제나 자연의 입장이었던 것은 아니다. 오히려 대부분의 시대에서 법은 자연을 소유할 수 있는 것, 혹은 이용하고 지배할 수 있는 것으로 여겨왔다. 이 장에서는 자연이 법에서 어떻게 다뤄져 왔는지를 시대별로 살펴본다.

이미 언급했듯이 고대 로마법에서는 자연을 'res nullius', 즉 '아무에게도 속하지 않은 것(무주물)'이라고 정의했다. 언뜻 보면 자유로운 자연을 인정하는 표현처럼 들릴 수 있다. 하지만 이 표현의 진짜 의미는 이렇다: "지금은 아무의 것도 아니지만, 누군가 먼저 손에 넣는다면 그의 것이 된다." 예를 들어, 들판에 돌아다니는 야생 사슴이나 강을 헤엄치는 물고기는 누구의 것도 아니지만, 잡는 순간 소유권이 생긴다는 논리다. 이 개념은 점유와 소유의

---

[6] Christopher Wood, *Environmental Impact Assessment: A Comparative Review*, 4th ed., Routledge, 2014.

원칙으로 이어졌고, 땅이든 바다든 먼저 차지한 사람이 주인이라는 식의 국제 관습법까지 발전시켰다.

로마법은 이후 유럽 전역의 법체계에 깊은 영향을 주었다. 자연은 법 속에서 늘 그런 식으로 등장했다. 인간이 이용하지 않는 한, 자연은 법적 의미조차 부여받지 못했다.

16세기 이후 유럽 사회는 신항로 개척과 식민지 확장, 그리고 산업혁명이 연이어 일어나면서 급격한 변화를 겪었다. 이 시기 자연은 단순한 소유물을 넘어 경제적 상품으로 전환되기 시작했다. 과학과 자본주의가 결합하여 생명으로서의 자연이 죽고, 도구로서의 자연이 탄생한 것이다.[7]

법은 이러한 전환을 뒷받침하는 정당화의 언어를 제공했다. 특히 18-19세기 근대 민법은 사유재산권을 강력하게 보호하면서 '자연을 어떻게 개발하고 활용할 것인가'를 법의 핵심 과제로 삼았다.[8] 존 로크의 소유권 이론은 노동을 통한 개간을 정당화하며, 자연을 사유화할 수 있는 철학적 근거를 제공했다.[9]

미국에서는 '개척 정신(Manifest Destiny)'이 사회 전반에 퍼지며, 땅을 개간하고 강을 막고 숲을 베는 행위가 문명의 상징으로 여겨졌다. 이에 따라 법제도 역시 이러한 자연관을 반영했다. 예컨대, 〈홈스테드 법(Homestead Act)〉(1862)은 일정 기간 토지를 경작한 사

---

7) Carolyn Merchant, Ibid., Ch. 7.
8) Paolo Grossi, *A History of European Law*, Wiley-Blackwell, 2010, pp. 121-125.
9) John Locke, Ibid., §§27-36.

람에게 소유권을 부여했으며,[10] 〈광업법(General Mining Act)〉(1872)은 연방정부 소유 광물을 누구든 채굴할 수 있도록 허용하여 사적 개발을 장려했다.[11] 또한 서부 지역의 수자원 법제는 '우선 취수권(Prior Appropriation Doctrine)'에 따라 먼저 사용하는 자에게 우선권을 부여함으로써 물을 선점 가능한 자원으로 간주했다.[12]

이처럼 근대 법질서는 자연을 인간의 무한한 창고처럼 바라보았고, 법은 자연의 권리나 생태적 한계를 고려하기보다 인간의 소유와 개발을 정당화하는 도구로 기능했다.[13]

20세기 들어 환경 파괴가 눈에 띄게 심해지자, 각국은 환경을 보호하는 법률을 만들기 시작했다. 대기 오염, 수질 오염, 산림 파괴 등을 막기 위한 규제들이 속속 등장했다. 국제 사회에서도 〈스톡홀름 선언〉(1972)이나 〈리우 선언〉(1992)처럼 환경 보호를 선언하는 조약들이 채택되었다.

하지만 여기서 중요한 점이 있다. 대부분의 환경법은 자연을 위한 법이 아니라 인간을 위한 법이라는 점이다. 예를 들어, 어떤 개발 사업이 강을 오염시킬 경우, 법은 이렇게 묻는다. "이로 인해 사람들이 마실 물이 오염되는가?, 주변 주민의 건강에 영향을 주

---

10) Homestead Act of 1862, Pub.L. 37-64, 12 Stat. 392(1862).
11) General Mining Act of 1872, 30 U.S.C. §§22-54.
12) David H. Getches, *Water Law in a Nutshell*, 5th ed, West Academic, 2015, pp. 79-83.
13) Cormac Cullinan, *Wild Law: A Manifesto for Earth Justice*, Chelsea Green Publishing, 2011, pp. 45-49.

는가?" 즉, 자연이 파괴되었기 때문에 문제가 되는 것이 아니라, 인간의 복지가 훼손되었기 때문에 법적 보호가 시작되는 구조인 것이다.

대표적인 제도가 바로 환경영향평가 제도이다. 이 제도는 개발을 막기 위한 것이 아니다. 오히려 개발을 정당화하는 데 필요한 사전 절차에 가깝다. 어떤 사업이 자연에 미치는 영향을 평가하여, 가능한 한 피해를 줄이는 방안을 찾는 데 목적이 있다. 따라서 자연의 파괴를 멈추는 것이 아니라, '조절하는' 수준에 그친다.

오늘날 법정에서 강이 스스로를 변호하는 일은 없다. 숲이 파괴를 막기 위해 직접 소송을 제기하지도 않는다. 오직 인간만이 권리의 주체로 인정되고, 자연은 그 보호를 인간에게 '부탁'해야 하는 처지에 놓여 있다. 이러한 구조는 자연을 언제나 소유와 이용의 대상으로 보아온 오래된 사고방식에서 비롯되었다.[14]

20세기 후반 이후 환경 보호법이 등장했지만, 그 근간을 자세히 들여다보면 대개 인간의 생존·건강·재산을 지키기 위한 수단에 머무르는 경우가 많았다.[15] 환경영향평가나 대기·수질 규제와 같은 제도는 일정한 성과를 거두었지만, 개발을 전제로 한 '피해 최소화'에 그칠 때가 많았다. 기후위기와 생태계 붕괴가 심화된 오늘, 기존 방식만으로는 더 이상 충분하지 않다는 사실이 드러나고 있다.

최근 국제 사회와 학계에서는 자연을 단순한 법적 객체(object)

---

14) Paolo Grossi, Ibid., pp. 121-123.
15) Christopher Wood, Ibid., pp. 6-9.

가 아니라, 스스로의 이해를 주장할 수 있는 권리 주체(subject)로 인정하자는 논의가 확산되고 있다.16) 에콰도르는 2008년 헌법에서 세계 최초로 자연의 권리를 명시적으로 선언함으로써, 자연을 단순한 보호 대상이 아닌 독립된 권리 주체로 인정하는 법적 기반을 마련했다. 이후 에콰도르 헌법재판소는 일련의 판결을 통해 이러한 헌법적 선언을 실질적 권리로 구체화했다. 특히 2021년 '로스 세드로스(Los Cedros)' 사건(Constitutional Court, Judgment No. 1149-19-JP/21)은 자연 권리의 실효성을 처음으로 확립한 획기적인 판결이었다. 법원은 광산 개발 프로젝트가 구역 내의 생태계와 종다양성을 심각하게 훼손한다고 판단하며, 헌법 제71조 이하의 자연 권리 조항을 직접 적용하여 광산 허가를 취소했다. 이 판결에서 법원은 "자연의 권리는 인간의 이익과 독립된 권리이며, 국가와 개인은 자연의 존재·유지·재생을 보장할 헌법상 의무를 진다"라고 판시했다. 이후 2022년 '에스트렐리타(Estrellita)' 사건(Judgment No. 253-20-JH/22)에서는 그 적용 범위를 개별 동물로 확장했다. 해당 사건에서 법원은 구조된 야생 원숭이 '에스트렐리타'의 학대와 사망을 다루면서, "개별 동물 역시 자연 권리의 일부로서 고유한 법적 권리를 가진다"라고 판시했다. 즉, 자연 권리의 주체는 단순히 생태계 전체가 아니라, 개별 생명체 수준으로도 확장될 수 있음을 인정한 것이다. 이로써 에콰도르는 헌법상 자연 권리 규정이

---

16) Cormac Cullinan, Ibid., pp. 40-45.

단순한 상징 조항이 아니라, 실제 법적 효력을 갖는 구체적 권리로 진화했음을 보여주었다.

한편 콜롬비아 헌법재판소는 2016년 '아트라토강(Atrato River)' 판결(Sentencia T-622/16)에서 에콰도르의 헌법 정신을 계승하여, 아트라토강의 법적 인격성을 인정하고 강의 보전을 위한 '수호자(guardian)'를 지정했다.[17] 법원은 아트라토강이 생태계의 중심축으로서 인간과 지역 공동체의 생존에 불가결한 존재임을 강조하며, 강 자체의 회복·유지·보존 권리를 명시적으로 확인했다. 결국, 에콰도르의 2008년 헌법 제정은 단순한 선언을 넘어, 2021년 로스 세드로스 사건에서 자연 전체의 권리, 2022년 에스트렐리타 사건에서 개별 생명체의 권리로 발전하면서, 생태헌법의 실질적 내용이 사법적으로 정착되는 과정을 보여주었다.

이런 장치는 인간의 선의에만 의존하던 환경 보호의 한계를 넘어, 자연이 스스로를 지킬 수 있는 제도적 기반을 마련한다는 점에서 새로운 가능성을 제시한다.

이제 자연을 오랫동안 '소유물'이나 '개발의 대상'으로만 여겨온 법의 틀을 넘어야 한다. 자연은 함께 살아가는 존재이며, 그 목소리를 법의 언어 속에 담아낼 때 비로소 더 효과적인 보호가 가능해진다.

우리는 종종 땅을 소유하고, 자원을 개발하며, 자연을 활용하는

---

17) Corte Constitucional de Colombia, Sentencia T-622/16(2016); República del Ecuador, Constitución de 2008, arts. 71-74.

것을 당연하게 여긴다. '내 것'이라는 말처럼 강력한 표현도 드물다. 그런데 법은 언제부터 자연을 그렇게 소유할 수 있는 것, 이용할 수 있는 대상으로 인정했을까? 그 물음의 뿌리는 법학의 핵심 원리 중 하나인 소유권(ownership) 개념에서 출발한다. 그리고 이 개념은 근대 서구 철학의 토대 위에 튼튼히 세워졌다.

17세기 영국 정치철학자 존 로크는 자연에 대한 인간의 권리를 강력하게 주장한 사상가다. 그는 『정부론(Two Treatises of Government)』(1689) 제2편에서 이렇게 말한다.

> "인간은 자신의 노동을 자연에 더함으로써 그것을 소유할 정당한 권리를 가진다."[18]

즉, 노동이 정당한 소유의 근거라는 주장이다. 땅을 개간하고, 나무를 베고, 농작물을 심는 행위는 단지 생존을 위한 수단이 아니라, 자연물을 사유화할 수 있는 권리의 출발점이라는 것이다. 이 생각은 오늘날까지 이어지는 사유재산 중심의 법질서를 낳았다. 대부분의 민법 체계가 '소유는 절대적이고 배타적인 권리'라고 보는 것도 로크의 영향 아래 있다.

하지만 이 사상을 비판적으로 본 철학자도 있다. 장 자크 루소

---

[18] John Locke, Ibid., §27. "Whatsoever then he removes out of the state that nature hath provided, and left it in, he hath mixed his labour with it, and joined to it something that is his own, and thereby makes it his property."

(Jean-Jacques Rousseau)는 『인간 불평등 기원론』(1755)에서 이렇게 적었다.[19]

"어떤 사람이 울타리를 쳐서 '이곳은 내 것이다'라고 주장했을 때, 그것을 믿을 만큼 순진한 이들이 있었기에, 바로 그가 시민사회의 진정한 창시자였다."

루소는 사유재산이 불평등과 사회 갈등의 씨앗이라고 보았다. 하지만 그 역시 자연을 인간의 소유 대상으로 간주하는 시각에서는 벗어나지 못했다. 결국 자연은 누구에게 속해야 하느냐는 질문 자체가 그 당시 철학과 법학에서 크게 의심되지 않았던 셈이다.

근대 이후 법체계는 자연을 경제적 자원으로 규정하고, 그것을 개발하고 이용하는 것을 정당한 권리로 인정해 왔다. 아니, 때로는 의무처럼 여겨졌다. 19세기 유럽과 미국은 자연 개발을 국가 발전의 핵심 전략으로 삼았다. 광산 개발, 수로 정비, 산림 개간 등은 단지 기업의 이윤 추구가 아니라 국가적 과업으로 인식되었

---

19) Jean-Jacques Rousseau, *Discours sur l'origine et les fondements de l'inégalité parmi les hommes*(1755), Deuxième partie, paragraphe d'ouverture. "Le premier qui, ayant enclos un terrain, s'avisa de dire 'ceci est à moi', et trouva des gens assez simples pour le croire, fut le vrai fondateur de la société civile."("누군가 땅을 울타리로 두르고 '이곳은 내 것이다'라고 말했을 때, 그것을 믿을 만큼 순진한 이들이 있었기에, 바로 그가 시민사회의 진정한 창시자였다.")──루소는 이 문장을 통해 사유재산의 발생이 곧 사회적 불평등의 시초였음을 풍자적으로 비판하고 있다. 이 구절은 근대 정치철학에서 자연 상태와 시민사회 사이의 전환을 상징적으로 설명한 대표 문장 중 하나이다.

다. 미국의 〈홈스테드 법안〉은 누구든 미개척지를 일정 기간 경작하면 땅의 소유권을 부여받을 수 있도록 했다. 자연은 경작되거나 산업화되지 않으면 '죽은 자산'으로 간주되었다. 이런 사고방식은 법률과 행정 시스템 속에 깊이 뿌리내렸다. 그 결과, 법은 자연을 지속 가능한 생태계로 보지 않고, 잠재적 개발 자산으로 정의하는 방향으로 발전했다. 그리고 이 흐름은 오늘날에도 그대로 이어지고 있다.

전통적 법체계는 자연을 인간이 자유롭게 이용할 수 있는 대상으로 취급해 왔다. 사유재산 개념은 그것을 법적으로 정당화했고, 개발은 국가와 개인 모두의 권리이자 의무처럼 인식됐다. 환경법의 등장 이후에도 법은 여전히 인간의 생존, 건강, 경제적 이익을 중심으로 움직인다. 자연은 보호받는 존재가 아니라, '보호받을 필요가 있을 때만 보호되는 대상(an object that is protected only when deemed in need of protection)'에 머물러 있다.

그렇다면 이런 질문을 던져볼 수 있다.

"자연은 인간 없이도 존재할 수 있지만, 인간은 자연 없이는 살아갈 수 없다. 그런데도 법은 왜 자연의 입장에서 사고하지 않았는가?"

이 질문은 법의 철학과 구조를 근본적으로 다시 생각하게 만든다. 그래서 등장한 것이 바로 생태법학이다. 이 새로운 흐름은 법이 더 이상 인간만을 중심에 두지 않고, 자연 그 자체를 법의 주체로 인정할 수 있는가를 묻는다. 즉, 생태법학은 법이 인간만을 중심에 두는 기존의 틀을 넘어, 자연 그 자체를 하나의 '법적 주체'로 인정할 수 있는가를 탐구한다. 다시 말해, 법이 인간의 법에서 '생명의 법'으로 확장될 가능성을 모색하는 것이다.

3 생태법학의 사상적 형성과 개념 정의

생태법학이 등장한 배경에는 근대 법사상에 대한 반성이 자리한다. 레이첼 카슨(Rachel Carson)의 『침묵의 봄』(1962)은 인간 문명이 만들어낸 과학기술이 오히려 생명의 기반을 위협할 수 있음을 경고했다.[20] 크리스토퍼 스톤(Christopher D. Stone)은 「나무에게도 권리가 있는가?(Should Trees Have Standing?)」(1972)에서 나무, 강, 산 등 비인간 존재에게도 법적 권리를 부여해야 한다고 주장하며 '법적 상상력의 확장'을 제안했다.

한스 요나스(Hans Jonas)는 『책임의 원리(Das Prinzip Verantwortung)』(1979)를 통해 기술 문명 속 인간의 윤리적·법적 책임을 미래 세대와 자연 전체로 확장해야 한다고 강조했다.[21] 그의 사상은 생명 중심주의(Biocentrism)와 생태 중심주의(Ecocentrism)의 철학적 토대

---

20) Rachel Carson, *Silent Spring*, Boston: Houghton Mifflin, 1962, pp. 187-198.
21) Hans Jonas, *Das Prinzip Verantwortung: Versuch einer Ethik für die technologische Zivilisation*, Frankfurt am Main: Insel Verlag, 1979; 영어 번역본. *The Imperative of Responsibility: In Search of an Ethics for the Technological Age*, Chicago: University of Chicago Press, 1984.

가 되었고, 이는 생태법학의 윤리적 근간을 형성했다.

이러한 흐름을 종합하면, 생태법학은 세 가지 차원에서 정의될 수 있다.

첫째, 존재론적 정의로서 생태법학은 "모든 존재가 상호 의존적 생명망 속에서 관계를 맺는 현실을 법의 출발점으로 삼는 학문"이다. 이는 인간과 비인간, 사회와 자연의 경계를 허무는 관계적 존재론(Relational Ontology)을 전제로 한다. 법은 더 이상 인간의 행위 규범이 아니라, 생명 공동체의 질서를 표현하는 하나의 제도적 언어가 되어야 한다.[22]

둘째, 규범적 정의로서 생태법학은 "생태계의 내재적 가치를 인정하고 그 보전을 위해 법적·정책적 체계를 구축하려는 시도"로 이해될 수 있다. 이는 자연이 인간에게 주는 효용과 무관하게 그 자체로 존중받아야 한다는 관점을 전제로 하며, 법과 거버넌스가 인간 중심에서 생명 중심으로 전환되어야 함을 요구한다. 이러한 정의는 펠리존(Alessandro Pelizzon)이 말한 바와 같이 "자연의 물리적 질서에서 비롯된 생태적 규범을 법의 구조 안으로 통합하려는 시도"이며,[23] 'EcoJurisprudence.org'가 제시한 바와 같이 "인간 중심적 전제를 거부하고 자연의 권리·법적 인격·생태헌법주

---

22) Bruno Latour, *We Have Never Been Modern*, Cambridge: Harvard University Press, 1993.
23) Alessandro Pelizzon, *Ecological Jurisprudence: The Law of Nature and the Nature of Law*, GARN Press, 2024, Introduction.

의 등을 포괄하는 글로벌 법학적 흐름"으로 구체화된다.[24] 이는 곧 유엔 세계자연헌장(1982)과 「자연과의 조화(Harmony with Nature) 보고서」(2019), 그리고 코맥 컬리넌(Cormac Cullinan)의 『야생의 법(Wild Law)』(2002)이 제시한 '자연과의 조화'라는 법의 새로운 규범적 지향과도 맞닿아 있다.[25]

셋째, 기능적 정의로서 생태법학은 "환경법을 넘어, 법질서 전체를 생태적 가치에 부합하도록 재구성하려는 법이론적 움직임"이다. 다시 말해, 환경법이 오염과 자원의 관리라는 사후적 대응이라면, 생태법학은 법의 구조 자체를 생태적 원리에 따라 재편하려는 전환적 학문이다.[26]

이러한 정의들은 공통적으로, 법의 중심축을 인간의 권리에서 생태계의 관계성과 조화로 이동시킨다. 법은 이제 인간만의 도구가 아니라, 지구 공동체 전체의 지속 가능한 질서를 보장하는 장치로 이해되어야 한다. 따라서 생태법학은 인간 중심적 법질서를 넘어, 생태계 전체를 법의 주체이자 규범의 토대로 인정하는 새로운 법학 체계이다. 그것은 인간과 비인간, 사회와 자연이 하나의 상호 의존적 생명 공동체를 이루고 있다는 사실을 법의 근본 전제

---

24) EcoJurisprudence Project, "FAQ: What Is Ecological Jurisprudence?"(2022), https://ecojurisprudence.org/faq.
25) United Nations General Assembly, World Charter for Nature(A/RES/37/7, 1982); Harmony with Nature: Report of the Secretary-General(A/74/236, 2019); Cormac Cullinan, *Wild Law: A Manifesto for Earth Justice*, Chelsea Green Publishing, 2011.
26) Peter D. Burdon, "The Earth Community and Ecological Jurisprudence", *Oñati Socio-Legal Series* 3(1), 2013.

로 삼으며, 법을 인간 사회의 질서가 아닌 지구 생태계의 조화로운 순환을 보장하는 규범 체계로 재정립한다. 생태법학은 따라서 환경법의 확장이 아니라, 법의 존재론적 재구성이다. 법의 궁극적 목적을 인간의 권리 보호에서 생태계의 지속 가능성과 생명 공동체의 공존 유지로 이동시키며, 법이 다루는 '공공선'의 범위를 인간 사회에서 지구 전체로 확장하려는 것이다.

이 정의는 생태법학을 단순한 환경 보호의 수단이 아니라, 법체계의 인식론적 전환을 시도하는 새로운 패러다임으로 규정하며, 그 핵심은 다음의 세 가지에 있다.

주체의 확장: 법의 권리 주체를 인간에서 생태계 전체로 확장한다.
질서의 전환: 법질서의 기준을 인간 사회의 효율과 정의에서, 생태계의 조화와 지속 가능성으로 전환한다.
윤리의 통합: 법적 정의(Justice)를 인간 간의 공정성뿐 아니라, 인간과 자연 간의 관계적 정의(Relational Justice)로 재해석한다.

이로써 생태법학은 법의 규범적 목적을 '사회적 정의(Social Justice)'에서 '생태적 정의(Ecological Justice)'로 확장하며, 근대 법의 한계를 넘어선 지구 공동체 법(Global Community Law)의 철학적 기초를 제시한다.

4 기존 법학과의 비교 및 한계

생태법학의 필요성을 이해하기 위해서는 기존 법학의 한계를 짚을 필요가 있다. 근대 이후 법학은 개인의 자유와 재산권, 계약과 책임이라는 인간 중심적 틀 속에서 발전해 왔다. 이러한 구조에서 자연은 법의 객체로서만 등장한다. 예를 들어, 환경법은 자연을 '보호할 가치가 있는 대상'으로 다루지만, 그것이 주체로서의 권리를 가진 존재로 인정되지는 않는다. 〈지속가능발전법〉 역시 인간 사회의 발전을 전제로 한 조정 개념에 머무른다. 그 법적 논리는 '경제 성장과 환경 보전의 조화'를 추구하지만, 여전히 발전(development)이라는 인간 중심적 가치에서 벗어나지 못한다.

이에 반해 생태법학은 발전의 개념 자체를 재검토한다. 그것은 성장의 한계를 설정하는 것이 아니라, 법의 언어를 '경쟁'에서 '공존'으로 바꾸는 전환을 추구한다. 이 전환은 법의 인식론적 기반을 '인간 대 자연'의 이분법에서 '인간 속의 자연'이라는 통합적 구조로 이동시키려는 것이다. 다시 말해, 생태법학은 인간의 권리를 축소하는 학문이 아니라, 법의 윤리적 지평을 확장하는 시도이다.

5 생태법학의 학문적 위상과 역할

생태법학은 헌법, 법철학, 환경법, 생명윤리, 사회 이론 등 여러 학문이 교차하는 접점에서 형성되고 있다. 그 학문적 위상은 다음 세 가지 차원으로 설명할 수 있을 것이다.

첫째, 법철학적 차원에서 생태법학은 법의 존재론적 전제를 재검토한다. 그것은 법을 인간 이성의 산물로 보는 근대적 전통에서 벗어나, 자연 질서의 일부로서의 법을 사유한다. 클라우스 보셀만(Klaus Bosselmann)은 이를 '법의 생태적 헌장(ecological constitution of law)'이라 부르며, 법이 생태적 한계 내에서 작동해야 함을 강조한다.[27]

둘째, 제도적 차원에서 생태법학은 국가와 국제법의 틀 안에서 구체적 제도화를 추구한다. 에콰도르 헌법(2008)은 세계 최초로 자연 자체에 권리를 부여했고, 콜롬비아 헌법재판소는 아트라토강에 법적 인격을 인정함으로써, 생태법학이 실질적 법질서로 구현될 수 있음을 보여주었다.

셋째, 윤리적·문화적 차원에서 생태법학은 법을 인간 사회의 제도가 아니라, 지구 공동체의 문화적 언어로 이해한다. 이는 서구 중심의 법 개념을 넘어, 원주민의 자연관, 동양 유학의 천인합일(天人合一) 사상, 한국 유학의 천인무간(天人無間) 사상, 라틴아메리카의 '부엔 비비르(Buen Vivir, 잘 사는 삶)' 개념과 같은 다원적 법 사유를 포용한다.[28]

---

[27] Klaus Bosselmann, *The Principle of Sustainability: Transforming Law and Governance*, Farnham: Ashgate, 2008, pp. 61-65.
[28] 유학의 전통에서 천인합일(天人合一)은 인간과 자연, 그리고 하늘의 도(天道)가 본질적으로 하나의 질서 속에 연결되어 있다는 세계관을 전제로 한다. 인간은 하늘의 도를 따르고, 자신의 본성(本性)을 다함으로써 천명(天命)에 합치해야 한다고 보았

따라서 생태법학은 단일 학문이 아니라, 인류 문명이 직면한 법적·철학적 전환의 거대한 패러다임이다. 생태법학은 단지 환경보호를 위한 새로운 법학이 아니다. 그것은 법이란 무엇인가에 대한 근본적 성찰이며, 인간 문명과 자연의 관계를 다시 쓰는 서사이다. 법은 이제 인간 사회의 계약과 질서만을 다루는 체계가 아니라, 지구 생명체들이 공존하는 법적 우주(Legal Cosmos)의 일부로 이해되어야 한다. 법은 인간의 언어로 쓰이지만, 그 목적은 인간을 넘어선다. 결국 생태법학이 추구하는 것은 '인간과 자연의 관계를 법의 언어로 회복하는 일'이다. 법이 자연을 잊었을 때 문명은 스스로를 잃었고, 법이 다시 자연을 기억할 때 인류는 비로소 공존의 윤리를 회복할 수 있다.

다. 한국 유학에서는 이 사상이 한층 심화되어 천인무간(天人無間)으로 발전했다. 이는 하늘과 인간 사이에 본래 간극이 없으며, 인간이 스스로의 수양과 실천을 통해 그 본성을 드러낼 때 비로소 천도(天道)와 합일된다는 관점을 강조한다.

제2장
생태법학의 역사와 주요 이론

1 생태법학의 역사

 법과 자연은 오랜 세월 동안 서로를 바라보지 않은 채 병행해 왔다. 법은 인간 사회의 질서와 권리, 계약과 재산의 문제를 다루며 문명의 중심 언어로 발전해 왔고, 자연은 그 질서의 배경 혹은 인간이 지배하고 이용해야 할 외적 대상으로만 인식되었다. 이 분리의 역사 속에서 법은 인간의 자유를 확장했으나, 동시에 자연의 침묵을 제도화했다.
 법은 인간의 권리와 재산, 그리고 계약의 이행을 보호하는 수단으로 정교하게 발전했다. 하지만 자연은 그 법체계 속에서 언제나 사물(things)로만 취급되었다. 고대 로마법에서조차 자연은 'res nullius', 즉 누구의 것도 아닌 물건으로 규정되었고, 한번 인간이 점유하면 즉시 사적 소유의 대상으로 전환될 수 있었다.[29] 이때 법은 인간 사회의 권리 질서를 세밀하게 규정하면서도, 자연의 내재적 가치는 철저히 배제했다.

그러나 20세기 후반에 이르러 인류는 스스로를 지구 시스템(Earth System)의 한 구성 요소로 인식하기 시작했다. 인간이 만든 법이 더 이상 인간만을 위한 것이 될 수 없다는 자각이 등장한 것이다. 이 전환의 순간에서 태동한 법사상이 바로 생태법학이다. 생태법학은 단순히 환경법을 보완하거나 강화하려는 시도가 아니다. 그것은 법이 자신을 성찰하며, 오랫동안 외면해 온 자연과의 관계를 다시 묻는 철학적 전환의 산물이다. 즉, 법이 잊었던 '자연'을 다시 제 기억 속으로 불러들이는 사유의 귀환이라 할 수 있다.

생태법학의 지적 계보는 단절이 아니라 연속의 역사 속에서 이해되어야 한다. 법과 자연의 관계를 성찰하는 전통은 이미 고대 그리스의 자연법 사상(Nomos Physeos)에서 그 흔적을 찾을 수 있다. 스토아학파의 철학자들은 우주를 하나의 조화로운 질서로 보고, 그 질서에 부합하는 법을 '자연법'이라 불렀다. 이때 법은 인간의 의지가 아니라 자연의 이성(Logos)에 내재한 질서의 표현이었다.

이 사상은 로마법의 체계를 거쳐 중세 스콜라 철학으로 이어지

---

29) Gaius, *Institutes*, 2.1-2.3.

며, 신학과 철학의 결합 속에서 새로운 법 이해로 발전했다. 특히 토마스 아퀴나스(Thomas Aquinas)는 법을 단순한 인간의 제도가 아니라 신이 부여한 자연 질서의 일부로 해석했다. 그에 따르면 세상의 모든 존재는 신이 부여한 목적을 향해 질서 있게 움직이며, 인간의 법(lex humana) 또한 이러한 신의 법(lex divina)과 자연의 법(lex naturalis) 안에서 그 정당성을 얻는다. 즉, 법은 인간이 임의로 만든 규칙이 아니라, 신이 창조한 우주의 질서를 인간 이성이 인식하고 구체화한 결과라는 것이다. 따라서 아퀴나스에게 법은 단순히 사회를 통제하는 규범이 아니라, 신적 질서와 인간 이성의 조화를 실현하는 도덕적 장치로 이해되었다.[30]

그러나 근대에 들어 법은 자연으로부터 급격히 분리되었다. 홉스(Thomas Hobbes)와 로크(John Locke), 루소(Jean-Jacques Rousseau) 등 사회계약론자들은 자연을 '계약 이전의 혼돈 상태'로 규정했다. 그들에게 법은 인간의 합리적 의지로 만들어진 인위적 질서였다. 이 시점부터 법은 자연으로부터 단절되고, 인간 사회의 자기 완결적 체계로 자리 잡게 된다. 근대 법질서는 인간의 자유와 권리를 보호하는 강력한 체계를 구축했지만, 동시에 자연의 법적 침묵을 제도화했다.

18세기 산업혁명 이후, 인간의 기술과 자본이 자연의 구조를 지배하기 시작하면서 법은 사회의 효율성과 경제 발전을 정당화

---

30) 토마스 아퀴나스, 『신학대전(Summa Theologica)』, 서울: 바오로딸, 1998, 제1권 제2부문 제90문.

하는 수단으로 기능했다. 그 결과, 법은 자연을 보호하는 장치가 아니라, 자연을 이용할 권리를 승인하는 체계로 변질되었다. 이러한 맥락에서 생태법학은 근대 이후 법이 상실한 자연과의 관계를 회복하고자 하는 철학적 운동으로 등장했다.

20세기 중반, 인간 문명이 초래한 생태적 위기가 가시화되면서 '법과 자연의 단절'에 대한 비판이 본격화되었다. 과학기술의 발전과 산업화는 인간의 지배력을 강화했지만, 동시에 그 결과로 생태계의 파괴와 기후위기가 심화되었다. 이 시기에 등장한 몇몇 사상가들은 법이 인간 중심의 패러다임에서 벗어나야 한다는 문제의식을 제기했다.

1962년 레이첼 카슨의 『침묵의 봄』은 과학기술 문명이 초래한 환경 위기를 대중적으로 인식시킨 결정적 계기가 되었다.[31]

그로부터 10년 후, 크리스토퍼 스톤은 「나무에게도 권리가 있는가?」(1972)에서 "나무, 강, 동물, 바다도 법정에서 자신의 권리를 주장할 수 있어야 한다"고 주장했다.[32] 이 논문은 법의 주체를 인간으로 한정해 온 기존의 법사상을 정면으로 비판하며, 법적 인격(personhood)의 개념을 재정의해야 한다는 논의를 촉발했다. 이와 같은 흐름은 철학적 차원에서도 확장되었다.

한스 요나스는 『책임의 원리』에서 "현대 기술 문명에서 인간은

---

31) Rachel Carson, Ibid.
32) Christopher D. Stone, "Should Trees Have Standing? Toward Legal Rights for Natural Objects", *Southern California Law Review*, Vol. 45, 1972, pp. 450-481.

이제 미래 세대와 생명 전체에 대한 책임을 져야 한다"라고 주장했다. 그는 인간의 자유를 절대적 권리가 아닌 '책임의 관계'로 전환함으로써, 법적 윤리의 지평을 넓혔다. 또한 노르웨이의 철학자 아르네 네스(Arne Naess)는 '심층 생태학(Deep Ecology)' 개념을 제시하며, 모든 생명체가 인간의 효용과 무관하게 내재적 가치(intrinsic value)를 가진다고 주장했다.[33]

이러한 사상적 전환은 법이 단순히 인간의 권리 보호를 위한 장치가 아니라, 생명 전체의 조화와 책임을 담보하는 제도여야 한다는 새로운 인식으로 이어졌다. 결국 20세기 후반의 생태철학은 생명 중심주의(Biocentrism)와 생태 중심주의(Ecocentrism)의 기초를 이루며, 생태법학이 법의 윤리적 토대를 재구성하는 데 결정적 영향을 미쳤다.

21세기에 들어 생태법학은 더 이상 사상적 담론에 머물지 않고, 구체적인 제도와 법적 규범으로 발전했다. 그 대표적 사례가 바로 에콰도르 헌법(2008)이다. 이 헌법 제71조는 "자연, 즉 파차마마(Pachamama)는 존재하고 유지되며 재생될 권리를 가진다"라고 규정하여, 세계 최초로 자연을 법적 권리의 주체로 명시했다.[34] 이 조항은 인간 중심의 법질서를 넘어, 생태계 자체가 권리의 주체로 인정받는 새로운 법적 패러다임을 열었다.

---

33) Arne Naess, "The Shallow and the Deep, Long-Range Ecology Movement", *Inquiry*, Vol. 16, 1973, pp. 95-100.
34) Constitución de la República del Ecuador, 2008, Art. 71.

이후 볼리비아는 〈어머니 지구 권리법(Ley de Derechos de la Madre Tierra)〉(2010)을 제정하여 자연의 권리를 기본법 차원에서 보장했고, 콜롬비아 헌법재판소는 2016년 〈T-622/16 판결〉에서 아트라토강에 법적 인격을 부여했다.[35] 법원은 아트라토강을 '생명체이자 공동체의 일원'으로 선언하고, 그 보전을 위해 지역 공동체를 '수호자'로 지정했다. 뉴질랜드 역시 2017년 〈테 와 투푸와법(황가누이강 권리법)(Te Awa Tupua(Whanganui River Claims Settlement) Act)〉를 통해 마오리족의 전통에 따라 황가누이강을 독립된 법인격체로 인정했다. 유럽연합(EU) 또한 2024년 〈유럽 기후법(European Climate Law)〉을 통해 탄소 중립 의무를 법제화했다.[36]

이러한 사례들은 생태법학이 법철학의 영역을 넘어 실질적 법질서로 자리 잡고 있음을 보여준다. 이제 법은 인간 사회의 권리와 의무를 넘어, 생태계 전체의 존속과 균형을 유지하는 제도적 장치로 확장되고 있다. 국제법 차원에서도 흐름은 일관된다. 유엔총회는 2022년 '건강한 환경에 대한 권리(The Right to a Healthy Environment)'를 보편적 인권의 일부로 선언했으며, 국제사법재판소(ICJ)는 2025년 7월 23일, 역사적인 권고적 의견(Advisory Opinion on Climate Change)을 발표했다. 이 사건은 바누아투(Vanuatu)를 비롯한 18개 도서국이 주도하여 유엔총회 결의 A/RES/77/276(2023)에

---

35) Corte Constitucional de Colombia, Sentencia T-622/16, Bogotá, 2016.
36) European Parliament and Council, Regulation(EU) 2021/1119 of 30 June 2021 establishing the framework for achieving climate neutrality(European Climate Law), OJ L 243, 9 July 2021.

근거해 제기한 것으로, 기후변화에 대한 국가의 국제법상 의무와 미래 세대의 권리 보장에 관한 해석을 요청한 것이었다.[37] 국제사법재판소는 이 의견에서 기후변화 대응은 단순한 정책적 선택이 아니라, 국제법상 명시된 국가의 법적 의무임을 분명히 했다.[38]

국제사법재판소의 권고적 의견은 미주인권재판소(Inter-American Court of Human Rights, IACtHR)의 선례를 이어받은 결과이기도 하다. 2017년 미주인권재판소는 권고적 의견 OC-23/17「환경과 인권에 관한 해석」에서, '건강한 환경에 대한 권리'를 인간의 기본적 인권이자 자연 그 자체의 권리로 인정했다.[39] 이후 2020년 라카 혼핫(우리의 땅) 대 아르헨티나(Lhaka Honhat (Our Land) v. Argentina) 사건에서도 법원은 원주민 공동체가 의존하는 생태환경의 파괴는 곧 생존권과 문화권의 침해에 해당한다고 판시했다.[40]

이 권고적 의견은 국제사법재판소가 기후 문제를 '법의 언어로 정의한 최초의 시도'라는 점에서 역사적 의미가 있다. 국제사법재판소는 기후변화 대응을 단지 환경 정책의 문제가 아니라, 국제법의 기본 원칙과 인권 보호의 문제로 확장했다. 이는 생태법학이

---

37) UN General Assembly, Request for an Advisory Opinion of the International Court of Justice on the Obligations of States in respect of Climate Change, A/RES/77/276(29 March 2023).
38) ICJ, Advisory Opinion on Climate Change, 23 July 2025, paras. 97-105.
39) Inter-American Court of Human Rights, Advisory Opinion OC-23/17 on Environment and Human Rights(15 November 2017), paras. 59-62.
40) Inter-American Court of Human Rights, Lhaka Honhat (Our Land) v. Argentina (Judgment of 6 February 2020), paras. 188-198.

주장해 온 '지구 생명 공동체의 법적 보호'라는 사유를 국제법적 담론 속에 제도적으로 끌어들인 전환점이라 평가할 수 있다. 이로써 생태법학은 국제 규범의 언어로 자리 잡으며, '법의 인류사적 재구성'이라는 새로운 단계로 나아가고 있다.

생태법학의 발전을 세대별로 구분하면 다음과 같다.

- **제1세대: 환경 보호의 법학**(1970-1980년대)
  오염 방지와 자원 관리 중심의 환경법.
  인간 중심의 환경 보호, '관리의 법' 단계.
- **제2세대: 생명윤리와 생태철학의 결합**(1990-2000년대)
  생명 중심주의, 생태 중심주의, 심층 생태학의 수용.
  법이 생명 전체의 윤리와 관계성을 포괄하는 '생명 법학'으로 확장.
- **제3세대: 생태헌법과 지구법의 시대**(2000년대 이후)
  자연의 권리, 미래 세대의 권리, 생태정의의 제도화.
  헌법, 국제법, 지역법에서 생태법학이 구조화되는 단계.

이 구분은 단순한 연대기적 구분이 아니라, 법이 인간 중심의 규범 체계에서 생태계 중심의 윤리 체계로 확장되어 온 과정을 보여준다. 결국 생태법학의 발전사는 법이 존재론적으로 자신을 재정의해 온 과정이기도 하다.

이처럼 생태법학은 특정 문명권의 사상이 아니라, 인류 문명이 위기 속에서 함께 도달한 사유의 귀결이라 할 수 있다. 서구의 법철학이 합리와 계약의 언어로 법을 구축했다면, 동양과 남미의 전통은 관계와 조화의 언어로 법을 해석해 왔다. 생태법학은 이 두 축을 통합하여 '법을 통한 존재의 화해(Reconciliation through Law)'라는 새로운 법철학적 길을 제시한다.

생태법학의 역사는 곧 법이 자기 자신을 확장해 온 역사이다. 그 확장은 단순히 규율 대상의 확대가 아니라, 법이 스스로의 존재 이유를 다시 묻는 철학적 과정이었다. 고대의 자연법이 신적 질서를 법의 근원으로 삼았다면, 현대의 생태법학은 지구 생명체의 관계적 질서를 법의 근원으로 삼는다. 따라서 생태법학은 단절된 혁신이 아니라, 인류 법사상이 오랜 세월을 거쳐 다시 자연과 만나는 귀환의 역사이다. 법은 이제 인간의 질서를 넘어, 생명의 언어로 다시 태어나고 있다.

2 생태법학의 주요 이론

생태법학은 단일한 학파가 아니라, 법이 자연과 맺는 관계를 새롭게 정의하려는 사유의 흐름이다. 이 사유의 공통된 출발점은 다음과 같은 문제의식이다.

"법은 왜 인간만의 질서를 말하고, 자연은 왜 법 앞에서 침묵해야 했는가?"

이 질문은 법의 존재론을 다시 묻는 철학적 도전이다. 생태법학은 환경법의 연장선이 아니라, 법의 근본 원리와 작동 방식을 생명 공동체의 관점에서 다시 구성하려는 시도이다. 그 전개는 대체로 (1) 철학적 기초, (2) 사회비판적 확장, (3) 법학적·제도적 접근, (4) 관계적 통합 이론의 네 축으로 구분된다.

(1) 철학적 기초: 생명에서 관계로

생명 중심주의(Biocentrism)는 생태법학의 가장 근본적 철학이다. 이 사조는 인간이 법의 중심이 아니라, 모든 생명체가 그 자체로 존엄하며 법적·도덕적 고려의 대상이 되어야 한다고 본다. 미국의 환경철학자 폴 테일러(Paul W. Taylor)는 『자연에 대한 존중(Respect for Nature)』(1986)에서 "모든 생명체는 자기목적적 존재(self-purposive being)이며, 인간의 도구적 가치로 환원될 수 없다"고 주장했다.[41] 그에게 법은 인간의 권리 보호 장치가 아니라, 모든 생명의 자기실현(Self-realization)을 보장하는 규범적 구조여야 했다. 한스 요나스는 『책임의 원리』에서 현대 기술 문명 속 인간의 자유가 미래 세대와 생명 전체에 대한 책임으로 전환되어야 한다고 역설했다.[42] 그는 법이 인간의 행위를 규율하는 제도가 아니라, '존재를 보존할 의무'를 제도화한 윤리적 질서라고 보았다. 생명 중심주의

---

41) Paul W. Taylor, *Respect for Nature*, Princeton University Press, 1986, p. 99.
42) Hans Jonas, Ibid., pp. 11-12.

는 법철학의 전통적 명제를 전복한다. 즉, 법의 정당성은 인간의 합의가 아니라 생명의 존속에 있다는 것이다.

생명 중심주의가 개별 생명체의 존엄에 초점을 맞추었다면, 생태 중심주의(Ecocentrism)는 생태계 전체의 균형과 순환을 강조한다. 그 출발점은 미국의 생태윤리학자 올도 레오폴드(Aldo Leopold)의 『대지 윤리(The Land Ethic)』(1949)이다.[43] 그는 "인간은 생태 공동체의 정복자가 아니라 그 구성원 중 하나"라고 선언하면서, 인간의 행위를 생태계의 회복력과 조화에 맞춰야 한다고 주장했다. 노르웨이 철학자 아르네 네스는 이를 발전시켜 '심층 생태학'을 제창했다.[44] 그는 "얕은 생태학(Shallow Ecology)이 인간의 이익을 위한 환경 보호라면, 심층 생태학(Deep Ecology)은 자연의 내재적 가치와 자율성을 인정하는 철학"이라 구분했다. 즉, 인간의 효용을 넘어, 자연은 그 자체로 도덕적·법적 고려의 대상이라는 주장이다.

클라우스 보셀만(Klaus Bosselmann)은 『지속 가능성의 원리(The Principle of Sustainability)』(2008)에서 "법은 생태적 한계를 벗어나 작동할 수 없다"고 단언하며, 생태법학의 규범적 지평을 확립했다.[45] 그의 주장은 헌법과 국제법이 인간의 자유나 권리를 넘어서, 지구 생태계의 지속 가능성을 보장하는 제도적 장치가 되어야 한다는 요청으로 이어진다.

---

43) Aldo Leopold, Ibid., p. 204.
44) Arne Naess, Ibid.
45) Klaus Bosselmann, Ibid., p. 53.

이러한 사조는 법의 정당성을 인간의 의지나 합의가 아닌, 생태적 적합성(ecological fit)으로 평가하는 새로운 기준을 제시한다. 법이란 사회의 질서가 아니라, 생태계 전체의 질서를 유지하기 위한 규범적 언어라는 것이다.

관계론적 법학(Relational Jurisprudence)은 생태법학의 철학적 논의를 한층 확장한다. 브뤼노 라투르(Bruno Latour)는 『우리는 결코 근대인이었던 적이 없다(We Have Never Been Modern)』(1993)에서, 근대가 만든 '자연과 사회의 이분법'이 허구임을 폭로하며, 법 역시 인간만의 제도가 아니라 인간과 사물이 맺는 관계망의 조정 언어라고 설명했다.[46] 즉, 법은 관계 속에서만 존재한다는 주장이다.

코맥 컬리넌은 『야생의 법』에서 법은 지구(Earth)의 자율성을 존중하고, 인간은 그 공동체의 일원으로서 책임을 수행해야 한다고 역설한다.[47] 그가 말하는 '야생의 법(Wild Law)'은 자연의 질서와 조화를 인간의 법적 질서 속으로 번역하는 시도였다. 이러한 관계론적 접근은 '권리 중심적 법 이론'에서 '관계 중심적 법 이론(Relational Justice)'으로의 전환을 이끈다. 정의란 권리의 균형이 아니라, 관계의 회복(Reconciliatory Justice)이라는 것이다. 콜롬비아 헌법재판소의 '아트라토강 판결'은 바로 이러한 철학을 법의 언어로 실현한 사례로 평가할 수 있다.

---

46) Bruno Latour, Ibid., p. 136.
47) Cormac Cullinan, Ibid., 9장, 14장.

(2) 사회비판적 확장

생태법학은 철학적 논의에 그치지 않는다. 그것은 사회적 불평등, 식민주의, 성적 위계와 같은 권력의 구조를 생태적 관점에서 재해석하는 비판 이론이기도 하다.

보아벤투라 드 소우자 산투스(Boaventura de Sousa Santos)는 서구 근대법이 '지식의 식민성(coloniality of knowledge)'에 갇혀 있다고 비판한다.[48] 그는 법이 단일한 근대적 이성의 산물이 아니라, 지역적·생태적 지식과 문화의 다원성(pluriversality)을 반영해야 한다고 주장한다. 라틴아메리카의 '부엔 비비르(Buen Vivir, 조화로운 삶)' 사상은 이러한 탈식민 생태법학의 대표적 표현이다. 에콰도르와 볼리비아의 헌법은 이 철학을 바탕으로 자연을 헌법상 권리의 주체로 인정했다.

발 플럼우드(Val Plumwood)는 『페미니즘과 자연의 지배(Feminism and the Mastery of Nature)』(1993)에서 남성 중심적 이성의 논리가 자연을 지배의 대상으로 만든다고 비판했다.[49] 그는 인간과 자연의 관계, 남성과 여성의 관계가 동일한 위계적 구조를 공유한다고 보았다. 이에 따라 생태법학은 돌봄의 윤리(Ethic of Care)를 법의 새로운 가치로 제시하며, 법의 정의를 지배와 통제에서 관계와 돌봄으로

---

48) Boaventura de Sousa Santos, *Epistemologies of the South: Justice against Epistemicide*, Routledge, 2014, p. 118.
49) Val Plumwood, *Feminism and the Mastery of Nature*, Routledge, 1993, p. 41.

전환하려는 시도이기도 하다.

인공지능, 로봇, 유전자 조작 생명체 등 인간을 넘어선 존재들이 사회적 행위자로 등장하면서, 법은 새로운 질문에 직면했다. "이들은 법의 주체가 될 수 있는가?" 로지 브라이도티(Rosi Braidotti)와 도나 해러웨이(Donna Haraway)는 인간 중심의 인격 개념을 넘어서, 기술과 생명, 인간과 비인간의 융합된 존재론을 제시한다.[50]

생태법학은 이러한 논의를 수용하여, 비인간 존재의 권리와 책임의 기준을 새롭게 구성하려는 시도로 발전하고 있다. 이 세 흐름은 공통적으로 법을 단일한 규범 체계가 아닌, 다층적 관계와 권력의 생태적 장으로 본다. 결국 생태법학은 자연의 보호를 넘어서, 사회적 정의와 생태적 정의를 결합한 통합적 정의론으로 나아가고 있다.

(3) 법학적·제도적 접근

이론이 제도 속에서 작동하지 않는다면, 그것은 철학에 머문다. 생태법학은 제도 속으로 들어가야 한다. 이를 위해 규범적 생태법학, 제도적 생태법학 및 실천적 생태법학이라는 세 가지 법학적

---

50) Rosi Braidotti, *The Posthuman*, Polity Press, 2013, p. 66.; Donna Haraway, *Staying with the Trouble: Making Kin in the Chthulucene*, Duke University Press, 2016. p. 101.

접근이 논의된다.

규범적 생태법학(Normative Ecology of Law)은 헌법·인권법·국제법 등 법의 원리와 가치 체계를 생태적 관점에서 재정립한다. 미래 세대의 권리, 생태헌법, 지속 가능성의 원리 등이 그 대표적 예이다. 이러한 관점에서 보셀만은 법의 규범적 근거는 더 이상 사회계약이 아니라, 생태계의 지속 가능성이라고 주장한다.[51]

제도적 생태법학(Institucional Ecology of Law)은 생태 원리를 입법·사법·행정의 제도 속에 통합하는 접근이다. 에콰도르, 콜롬비아, 뉴질랜드의 자연권 헌법과 판례가 대표적이다. 콜롬비아 헌법재판소는 아트라토강 판결에서 생태법학의 원리를 사법적 언어로 실현했다. 또한 한국, 브라질 등에서도 환경헌법 조항을 실질화하기 위한 입법 논의가 활발히 이루어지고 있다.

실천적 생태법학(Practical Ecology of Law)은 시민 운동과 지역 공동체의 실천 속에서 법을 구현하는 영역이다. 예를 들어, 지방정부의 생태 헌장 제정, 기후 소송, 시민 참여형 복원 프로그램 등이 포함된다. 이러한 움직임은 법을 단지 국가의 명령이 아니라, 공동체의 생명윤리적 약속으로 재해석하게 만든다.

이 세 접근은 독립된 범주가 아니라, 이론-제도-실천의 삼중나선(Triple Helix)처럼 얽혀져 있다. 생태법학은 이 상호작용 속에서 비로소 학문이자 제도로, 철학이자 실천으로 진화하는 것이다.

---

51) Klaus Bosselmann, Ibid.

결론적으로, 생태법학의 여러 학파와 이론은 서로 다른 언어를 사용하지만, 그들이 지향하는 핵심은 하나다. 법의 정의를 인간 사회의 공정성에서 생명 공동체의 조화로 확장하는 것이다. '사회적 정의'가 인간 간의 평등과 분배를 다룬다면, '생태적 정의'는 인간과 비인간, 현재와 미래 세대 간의 관계를 포괄한다. 이 정의는 권리의 균형이 아니라 관계의 회복을 지향한다.

결국 생태법학의 다양한 이론은 모두 '법은 생태적 존재 조건을 떠나 존재할 수 없다'라는 하나의 결론으로 모인다. 이 명제는 제1장에서 제시된 정의—법의 존재론적 재구성—을 구체화하는 이론적 완성인 것이다. 법은 인간 사회의 질서를 넘어, 지구 생명 공동체의 조화와 지속 가능성을 보장하는 '생명의 언어'로 다시 태어나야 한다.

제3장
생태법학의 방법론과 분류 체계

21세기의 법학은 인류 문명이 스스로 초래한 위기와 마주하고 있다. 기후변화, 생물 다양성 붕괴, 자원 고갈은 더 이상 환경 문제가 아니라 법의 위기이다. 법이 자연을 배경으로 삼았던 시대는 끝났고, 이제 자연이 법의 전제가 되는 시대가 도래했다. 생태법학은 이러한 전환의 시대정신을 반영하는 새로운 법학이다. 그것은 환경법의 세부 분과가 아니라, 법학의 존재론적 재구성을 지향하는 '법의 새로운 언어'이며, 동시에 지구 공동체의 헌장적 학문이다.

법이 인간 사회의 질서를 넘어 생명의 질서를 다룰 때, 그 법학은 기존의 방법론과 체계를 넘어서는 패러다임의 전환(paradigm shift)을 요구받는다. 이 장은 그러한 전환의 논리적 구조를 제시하고자 한다. 즉, 생태법학의 학문적 방법, 그 기본 원칙, 그리고 연구·실천의 분류 체계를 체계적으로 정립하겠다.

1 생태법학의 방법론적 전제

생태법학은 단순히 환경 문제에 대한 법적 대응 체계가 아니라, 법이 세계를 인식하고 질서를 형성하는 근본적 사유 방식의 전환을 지향한다. 이러한 전환은 세 가지 방법론적 전제—관계성, 통합성, 책임성—을 바탕으로 한다. 이 세 전제는 생태적 세계관이 법학의 언어로 변환되는 논리적 출발점이자, 생태법학의 모든 규범적 논의가 의존하는 철학적 토대이다.

(1) 관계성: 존재의 상호 연결망으로서의 법

전통적 법사상은 인간과 자연, 사회와 환경을 서로 분리된 체계로 상정해 왔다. 법은 인간 사회의 질서를 다루고, 자연은 그 배경으로 간주되었다. 그러나 생태법학의 출발점은 이러한 이원론의 극복이다.

관계성(Relationality)이란, 모든 존재가 상호 의존적 관계망 속에서 존재한다는 인식이다. 인간은 자연의 주체가 아니라, 자연 질서의 일부이며, 사회적 제도 또한 생태계의 순환과 균형 위에서만 지속될 수 있다. 브뤼노 라투르는 근대적 '자연/사회'의 구분이 인위적 허구임을 지적하고, 인간·비인간·사물 모두가 행위자(actant)로서 관계 속에서 법적·사회적 현실을 형성한다고 보았다.[52] 이 관점에서 법은 단지 인간의 의지나 합의의 산물이 아니라, 관계망의 질서를 조정하는 언어적·제도적 장치인 것이다. 예컨대 강, 숲, 동물, 공기조차도 인간의 행위와 얽혀 '법적 관계자(legal participant)'로 기능한다면, 법은 이러한 관계의 균형과 회복을 보장하는 규범 체계가 되어야 한다. 이러한 관계적 관점은 생태법학의 핵심 원칙인 '상호 의존성(interdependence)'과 '조화(harmony)'의 철학적 기반이 된다.

(2) 통합성: 학문 간 경계를 넘는 법의 생태적 전환

생태법학은 전통적 법학의 자율적 체계를 넘어서는 학제적 법학이다. 법은 더 이상 폐쇄된 규범 체계로서 존재할 수 없으며, 생명과 지구 시스템의 일부로서 자연과학·사회과학·인문학의 지식과 긴밀히 연결되어야 한다. 이는 단지 학문 간의 협력이라는 의미를 넘어, 법의 존재 방식 자체가 생태계의 순환적 구조를 닮아야 함을 뜻한다. 예를 들어, 환경오염 소송에서 화학·생태학적 데이터는 법적 인과관계의 판단 근거가 되고, 기후 소송에서는 기후

---

52) Bruno Latour, Ibid., pp. 10-12, 88, 136.

모델링과 경제 정책 분석이 법원의 판단 구조에 내재된다.

따라서 법은 더 이상 독립적 판단의 틀을 유지할 수 없으며, 다학제적 상호작용(Interdisciplinarity)을 통해서만 그 실효성을 확보한다. 생태법학이 지향하는 '통합성(Integration)'은 법과 과학, 법과 윤리, 법과 정책의 경계를 허물고, 지구 생태계 전체의 질서 속에서 법의 역할을 새롭게 재정의하려는 시도이다. 이러한 의미에서 생태법학은 '법의 생태화(Ecologization of Law)'를 목표로 하며, 법학을 자연과학적·윤리적 지평 위에서 다시 구성하는 학문이라고 볼 수 있다.

(3) 책임성: 생명의 지속 가능성을 보장하는 법의 윤리

세 번째 전제인 책임성(Responsibility)은 생태법학의 규범적 핵심이다. 법의 존재 이유는 단순히 사회질서를 유지하거나 분쟁을 해결하는 데 있지 않다. 법은 생명과 생태계의 지속 가능성을 보장하기 위한 도덕적·제도적 책임의 체계이다. 즉, 생태법학은 법을 인간의 권리 체계로 이해하지 않고, 존재 전체에 대한 책임의 언어로 이해한다. 한스 요나스가 "현대 기술 문명에서 인간은 미래 세대와 생명 전체에 대한 책임을 져야 한다"고 주장하며, 행위의 윤리를 '현재의 의도'가 아니라 '미래의 결과'에 따라 평가해야 한다고 역설한 것도 이러한 맥락에서 볼 수 있다.[53] 이 사상은 법을

---

53) Hans Jonas, Ibid., pp. 11-12, 136.

'현재 인간의 권리 체계'에서 '미래 생명 공동체의 책임 체계'로 전환시키는 철학적 기반이 된다. 따라서 생태법학의 책임성은 다음 세 가지 층위로 작동한다.

① 세대 간 책임(intergenerational responsibility): 미래 세대의 생존권을 보장하기 위한 입법·정책적 의무.
② 생명 간 책임(interspecies responsibility): 인간 외 생명체의 생존과 서식 환경 보호 의무.
③ 지구적 책임(global responsibility): 기후위기와 생태계 붕괴에 대한 공동 대응의 의무.

이러한 책임 개념은 단순한 윤리적 이상이 아니라, 국제법과 헌법 속에서 점차 구체화되고 있다. 예컨대 2022년 유엔총회가 '건강한 환경에 대한 권리(Right to a Healthy Environment)'를 보편적 인권으로 선언한 것은, 책임성 원리가 법적 규범으로 전환되는 대표적 사례이다.[54]

이상과 같이, 관계성·통합성·책임성은 생태법학의 방법론을 구성하는 세 기둥이다. 이 전제들은 법이 더 이상 인간 사회의 독립적 규범 체계가 아니라, 지구 생명 공동체의 일원으로서 상호

---

[54] 2022년 7월 28일, 유엔 총회는 결의 76/300호를 통해 '깨끗하고 건강하며 지속 가능한 환경에 대한 권리'를 인권으로 인정했다. 이 결의는 법적 구속력은 없지만, 국제 사회의 환경권 인식 전환과 향후 법제화 논의에 중요한 기준점이 되고 있다.

의존적·통합적·책임적 구조 속에서 작동해야 함을 보여준다. 다음 절에서는 이러한 방법론적 토대를 바탕으로, 생태법학이 실제로 제시하는 기본 원칙—즉 '상호 의존성', '생태적 정의', '지속 가능성'—이 어떻게 구체적 규범으로 발전하는지를 살펴보도록 하겠다.

2 생태법학의 기본 원칙: 생명 공동체의 법질서를 위한 여섯 가지 규범

생태법학이 독립된 학문으로 작동하기 위해서는 그 체계를 지탱하는 근본 규범(Grundnorm)이 필요하다. 이 근본 규범은 단순한 형식적 전제가 아니라, 생태적 세계관 속에서 법이 어떠한 정당성과 자율성을 확보할 수 있는지를 설명하는 '상위 원칙(meta-norm)'으로 기능한다. 한스 켈젠(Hans Kelsen)의 『순수법학』에서 근본 규범은 법체계의 형식적 정당성을 보장하는 최상위 명제로 제시되었지만, 생태법학에서는 이 개념을 "법체계가 생태적 정당성을 확보하기 위한 규범적 기초"로 재해석한다. 즉, 법의 존재 이유가 인간 사회의 질서 유지에 그치는 것이 아니라, 지구 생명체 전체의 지속 가능성을 보장하는 책임 수행에 있다는 것이다.

역사적으로 자연법학은 '정의'를, 근대 법학은 '자유'를, 현대 헌법학은 '인권'을 중심 원리로 삼아 왔다. 이는 각각의 시대가 공유한 법의 목적과 문명적 가치관을 반영한다. 자연법은 신적 질서와 인간의 본성에 내재한 정의를 추구했고, 근대 법은 개인의 자유와 사유재산을 보호하는 체계로 발전했다. 20세기 이후 인권 중심의 자유민주주의 헌정 질서가 확립되면서, 법의 기본 가치는 인간의 존엄과 평등으로 수렴되었다.

그러나 21세기 들어, 인류가 맞닥뜨린 기후위기와 생태위기는 이러한 인간 중심의 법철학적 구조가 더 이상 지속 가능하지 않음을 보여주고 있다. 이제 법은 인간만이 아니라 지구 생명체 전체의 존속과 조화를 보장하는 새로운 근본 규범을 필요로 하게 되었다. 이러한 전환의 요청 속에서 등장한 것이 바로 생태법학의 기본 원칙이다. 그 대표적 사례가 에콰도르 헌법(2008)이다. 이 헌법 제71조는 다음과 같이 선언한다.

"자연, 즉 파차마마(Pachamama)는 존재하고 유지되며 재생될 권리를 가진다. 자연은 그 존엄과 생명 주기를 온전히 존중받을 권리를 가지며, 모든 사람은 자연의 권리를 보전하고 복원하기 위해 행동할 수 있다."[55]

이는 세계 최초로 자연의 권리를 헌법에 명시한 조항으로, 생태법학의 철학적 정신이 실제 법제 속에서 작동한 가장 상징적 사례이다. 이 조항은 법의 중심축을 인간의 권리에서 자연의 존엄

---

55) Constitución de la República del Ecuador(2008), Art. 71.

으로 이동시켰으며, 생태법학의 존재론적 기초가 헌법적 규범으로 구현된 최초의 모델이라 할 수 있다. 생태법학의 기본 원칙은 이러한 세계적 흐름과 철학적 배경에서 도출된 것이다. 자연법학의 정의, 근대 법학의 자유, 헌법학의 인권이 각각의 법사상을 규정했다면, 생태법학은 '생명 존중(Reverence for Life)'과 '상호 의존(Interdependence)'을 그 근본 규범으로 삼는다. 이 원칙들은 단지 윤리적 선언이 아니라, 법의 존재론적 기초이자 생태적 윤리를 법의 언어로 번역한 규범적 구성 요소들이다.

특히 보셀만(Klaus Bosselmann)은 이를 '법의 생태적 헌장(The Ecological Constitution of Law)'이라 명명하며, 법이 생태적 한계 내에서만 정당하게 작동할 수 있다고 강조했다.[56] 그에 따르면 법은 더 이상 인간 사회의 자기 완결적 체계가 아니라, 지구 시스템의 일부로서 생태적 한계를 내재적으로 고려해야 한다. 코맥 컬리넌(Cormac Cullinan)도 법은 인간의 언어를 통해 생태계의 자율성과 조화를 표현하는 제도적 장치라 정의하며, 법의 주체성을 인간에서 지구(Earth)로 확장했다.[57] 또한 폴 테일러(Paul Taylor)는 모든 생명체를 '자기목적적 존재(self-purposeful being)'로 규정하며, 법의 정당성 근거를 인간의 이성에서 생명의 존엄으로 이동시켰다.[58] 이 학자들의 사상은 공통적으로, 생태법학의 규범적 구조를 '생명의

---

56) Klaus Bosselmann, Ibid., p. 32.
57) Cormac Cullinan, Ibid., 제14장.
58) Paul W. Taylor, Ibid., pp. 99-102.

헌장(Ecological Charter of Law)'으로 구상하는 것이다. 즉, 법의 정당성은 인간의 합의(consensus)가 아니라 생태적 적합성(ecological fit)에 의해 평가되어야 한다는 것이다. 이러한 사유의 흐름은 법을 "생명 공동체의 질서를 유지하기 위한 규범 체계"로 재구성하며, 이에 따라 생태법학의 기본 원칙을 다음과 같이 제시하고자 한다.

생명 존중, 상호 의존, 순환과 회복, 책임과 조화, 세대 간 정의 및 생명 공동체의 평등.

이 여섯 가지 원칙은 생태법학의 존재론적 기초이자, 향후 법체계의 재구성에 필요한 규범적·윤리적 지침이다. 그것은 선언이 아니라, 법의 구조를 새롭게 설계하기 위한 학문적 헌장이자, 법이 다시 생명의 언어로 작동하기 위한 철학적 기반이다. 이제 다음 절에서는 이러한 전제를 바탕으로 생태법학의 여섯 가지 기본 원칙을 구체적으로 살펴보도록 하겠다.

(1) 제1 원칙: 생명 존중의 원칙

모든 생명은 그 자체로 존엄하다. 생태법학의 출발점은 생명을 인간의 소유나 관리 대상이 아니라, 자기목적적 존재로 인정하는 데 있다. 이 생명 존중의 원칙(Principle of Respect for Life)은 법이 생명을 인간의 이익을 위한 보호 대상으로만 보던 기존 시각을 넘어, 생명을 '법의 존중과 책임의 주체'로 바라보도록 전환시킨다.

그 의미는 다음과 같다.

- 법의 목적은 인간의 번영이 아니라 생명의 지속 가능성에 있다.
- 모든 생명체는 도덕적·법적 고려의 대상이다.
- 생명의 침해는 권리의 침해가 아니라 존엄의 파괴로 간주된다.

에콰도르 헌법(2008) 제71조가 "자연, 즉 파차마마(Pachamama)는 존재하고 유지되며 재생될 권리를 가진다"고 선언한 것은 이 원칙의 구체적 제도화이다.

(2) 제2 원칙: 생태계 통합의 원칙

생태계는 분리된 개체들의 집합이 아니라, 상호 의존적 전체(system)이다. 따라서 법은 생태계의 통합성(Integrity)과 순환성(Circularity)을 훼손하지 않아야 한다. 올도 레오폴드(Aldo Leopold)는 "어떤 행위가 생명 공동체의 안정성과 완전성을 보존한다면 그것은 옳고, 그렇지 않다면 그르다"고 했다.[59] 이 생태계 통합의 원칙(Principle of Ecological Integrity)은 생태법학의 규범적 기준으로 기능한다. 법의 정당성은 이제 '인간의 이익을 증진하느냐'가 아니라 '생태계의 통합성을 유지하느냐'에 따라 평가된다. 클라우스 보셀

---

59) Aldo Leopold, Ibid., p. 224.

만은 이를 '법의 생태적 헌장'이라 부르며, 법은 사회 질서의 규율 체계이기 이전에 생태계 질서의 일부로 작동해야 한다고 강조했다.[60] 이에 따라 환경 정책, 개발 계획, 자원 관리 등은 생태계의 연결성과 복원력을 유지하는지를 기준으로 평가되어야 하며, 종의 멸종·서식지 단절과 같은 생태계 파괴는 헌법적 금지의 대상이 된다.

(3) 제3 원칙: 상호 의존과 책임의 원칙

인간은 생태계의 주인이 아니라 그 일부이다. 생명체들은 상호 의존적 존재이며, 인간의 권리 또한 독립된 권한이 아니라 관계 속에서 성립한다. 한스 요나스는 기술 문명 시대의 윤리를 '책임의 윤리(Ethik der Verantwortung)'로 규정하며, 인간의 자유는 "생명의 조건을 파괴하지 않을 책임"을 내포한다고 보았다.[61] 이 상호 의존과 책임의 원칙(Principle of Interdependence and Responsibility)은 법이 인간 중심의 권리 체계로부터 '관계적 책임 체계'로 전환해야 함을 의미한다. 법적 책임은 단지 행위의 결과가 아니라 관계의 존재로부터 비롯된다. 기후변화 대응, 탄소 배출 규제, 기업의 환경 책임, 미래 세대의 권리 등은 모두 이러한 '관계적 책임'의 실천 형태라 할 수 있다. 결국 인간의 자유는 자연의 지속 가능성 안

---

60) Klaus Bosselmann, Ibid., pp. 30-35.
61) Hans Jonas, Ibid., pp. 129-132.

에서만 정당화된다는 것이 이 원칙의 요체이다.

(4) 제4 원칙: 생태적 정의의 원칙

정의는 인간 간의 공정성만을 의미하지 않는다. 생태법학이 말하는 정의는 인간과 비인간, 현재 세대와 미래 세대 간의 조화로운 관계를 의미한다. 구디나스(Eduardo Gudynas)는 라틴아메리카의 개념인 부엔 비비르(Buen Vivir, 잘 사는 삶)를 '공존의 조화(Harmony of Coexistence)'로 정의하면서, 정의의 중심을 인간의 풍요가 아니라 관계적 균형으로 옮겨야 한다고 주장했다.[62] 따라서 생태적 정의의 원칙(Principle of Ecological Justice)은 사회적 정의(Social Justice)와 생태적 정의(Ecological Justice)의 결합된 형태이다.

- 인간과 자연의 권리는 상호 보완적이며, 우열이 존재하지 않는다.
- 정의의 목적은 처벌이 아니라 관계의 회복에 있다.
- 법은 균형의 복원을 위해 작동한다.

콜롬비아 헌법재판소는 〈T-622/16 판결〉에서 아트라토강을 '생명체이자 공동체의 일원'으로 선언하며, 생태적 정의의 원리를

---

62) Eduardo Gudynas, "Buen Vivir: Today's Tomorrow", *Development*, vol. 54, no. 4 2011, pp. 441-447.

사법적 판결의 수준에서 구현한 바 있다.

(5) 제5 원칙: 생태적 한계의 원칙

법은 인간이 만든 규범이지만, 그 효력은 자연의 한계를 초월할 수 없다. 보셀만은 "법은 생태적 한계 내에서만 정당성을 가진다"고 하며, 이를 '생태적 합헌성(Ecological Constitutionality)'의 기준으로 제시한다.[63] 이 생태적 한계의 원칙(Principle of Ecological Limits)은 인류세(Anthropocene) 시대의 핵심 법원리로 기능한다. 국가의 경제·산업·무역 정책 등 모든 공적 행위는 지구의 생태적 수용 능력(carrying capacity) 범위 내에서만 허용되어야 한다. 즉, 법은 인간 사회의 성장 논리를 넘어 '지구 시스템의 지속 가능성'을 그 합헌성의 기준으로 삼아야 한다. 이는 기존의 '공공 복리' 개념을 대체하는 새로운 헌법적 한계 원리로 작용할 수 있다.

(6) 제6 원칙: 회복과 순환의 원칙

생태계는 파괴보다는 복원, 소유보다는 순환을 통해 지속된다. 따라서 생태법학의 궁극적 목표는 처벌이 아니라 회복이며, 소멸이 아니라 순환이다. 이 원칙은 생태적 피해에 대한 금전적 배상

---

63) Klaus Bosselmann, *Earth Governance: Trusteeship of the Global Commons*, Cheltenham: Edward Elgar, 2015, pp. 56-59.

뿐 아니라, 생태계 기능의 실질적 복원을 법적 의무로 설정한다. 뉴질랜드의 〈테 우레웨라 법(Te Urewera Act)〉(2014)은 특정 산림을 법적 인격으로 인정하면서, 그 복원과 관리 책임을 지역 공동체에 부여했다. 이는 생태계의 회복과 순환의 원칙(Principle of Restoration and Circularity)을 법제화한 대표 사례이다. 또한 순환 경제(Circular Economy) 법제, 생태계 서비스 보상제(PES), 환경복원명령제도 등은 이 원칙의 현대적 적용 모델이라 할 수 있다.

이 여섯 가지 원칙은 생태법학의 윤리이자 규범이며, 동시에 존재론이다. 요약하면,

- 생명 존중은 법의 목적을,
- 생태계 통합은 법의 구조를,
- 상호 의존과 책임은 법의 주체를,
- 생태적 정의는 법의 가치 체계를,
- 생태적 한계는 법의 합헌성을,
- 회복과 순환은 법의 절차적 정의를 규정한다.

이 원칙들이 통합될 때, 법은 인간 사회의 규범이 아니라 지구 생명 공동체의 헌장으로 진화할 수 있다. 그것이 생태법학이 지향하는 새로운 법질서이며, 다음 장에서 다룰 법적 적용 모델의 기초가 된다.

3 생태법학의 학문적 분류 체계

생태법학은 단일한 이론이나 학파로 환원될 수 없는 다층적 학문이다. 앞서 살펴본 바와 같이 그 법학적 접근 구조는 규범적 원리(Norms)-제도적 설계(Institutional Design)-실천적 참여(Practical Engagement)의 세 영역이 서로 얽혀 순환하는 삼중 구조를 이룬다. 이는 법이 단지 사회의 규율 체계가 아니라 생태계의 자율적 질서의 일부임을 보여준다.[64]

(1) 규범적 생태법학

규범적 생태법학(Normative Ecology of Law)은 법의 근본 가치와 헌법적 원리를 생태적 관점에서 재정립하려는 학문적 영역이다. 그 핵심 목적은 기존 법 이론이 인간의 이성, 재산, 계약을 중심으로 형성해 온 가치 체계를 '생명'과 '지속 가능성'의 관점으로 대체하는 데 있다.

이 영역은 특히 헌법학, 국제법, 인권법 등 상위 규범 체계의 재해석과 밀접하다. 예컨대 '생명 존중'과 '생태적 한계'의 원칙은 헌법 해석의 새로운 기준이자, 국제법에서 '지속 가능 발전(Sustainable Development)' 원칙의 기초가 된다. 헌법과 국제법은 인

---

64) Klaus Bosselmann, *The Principle of Sustainability: Transforming Law and Governance*, Farnham: Ashgate, 2008, pp. 29-36.

간 사회의 규범 체계인 동시에 지구 생태계의 조화로운 질서를 담보하는 윤리적 체계여야 한다. 주요 연구 영역으로는 ① 생태헌법론(Ecological Constitutionalism), ② 미래 세대의 권리(Rights of Future Generations), ③ 자연의 법인격(Nature's Legal Personhood), ④ 지속 가능성의 헌법 원리(Principle of Sustainability) 등이 있다. 특히 에콰도르 헌법(2008)은 생태법학의 규범 원리를 헌법적 가치로 제도화한 선구적 모델이다.

(2) 제도적 생태법학

제도적 생태법학(Institutional Ecology of Law)은 생태법학의 원리를 구체적 법제도와 정책으로 구현하는 영역이다. 이는 입법, 행정, 사법의 각 기능이 생태적 지속 가능성의 기준에 부합하도록 재설계되어야 함을 전제로 한다. 대표적 사례로는 다음과 같다.

① 에콰도르 헌법재판소의 로드 세드로스 사건은 광산 개발로 인한 생태계 침해가 자연의 헌법상 권리를 위반한다고 판시했다.

② 콜롬비아 헌법재판소의 아트라토강 사건은 아트라토강을 '생명체이자 공동체의 일원'으로 선언하며 국가에 복원 의무를 부과했다.

③ 뉴질랜드의 〈테 우레웨라 법〉(2014)은 국립공원을 법인격체로 인정하여, 공동체가 그 보호자(guardian)로서 법적 권한을 행사하도록 규정했다.

이 영역의 주요 연구 주제는 생태 판결 분석, 환경법 개정 및 통합 법제 연구, 지속 가능한 행정 제도 설계, 생태적 거버넌스 체계 구축 등이다. 법학적 이론이 제도적 장치로 구현되는 과정을 밝히는 이 연구는 생태법학의 '실행 가능성(feasibility)'을 검증하는 단계이기도 하다.

(3) 실천적 생태법학

실천적 생태법학(Practical Ecology of Law)은 법을 추상적 규범이 아닌 행동하는 윤리(practiced ethics)로 이해한다. 이 영역은 시민, 지역 공동체, 원주민, 비정부기구(NGO) 등이 주체가 되어 생태적 법질서를 '삶의 실천'으로 구현하는 연구 영역이다. 대표적 예로는 다음이 있다.

- 유럽, 남미, 아시아에서 확산되고 있는 기후 소송(Climate Litigation)
- 지방정부와 시민이 공동 작성하는 지역 생태헌장(Local Ecological Charter)
- 지속 가능한 도시 거버넌스 모델(Sustainable Urban Governance)
- 기업의 환경 책임(ESG)과 순환 경제(Circular Economy) 이행에 관한 실천적 법제 연구

이러한 활동은 법을 국가의 명령 체계에서 해방시켜, 공동체가

스스로 구축하는 생태적 규범 체계로 재정의한다. 즉, 실천적 생태법학은 "법은 국가가 만드는 것이 아니라, 공동체가 살아내는 것이다"라는 생태윤리의 법학적 구현이라 할 수 있다.

이 세 가지 영역은 서로 분리된 단계가 아니다. 규범적 원리(이론)는 제도적 장치(정책)로 구체화되고, 제도적 장치는 시민의 실천을 통해 지속적 변화를 낳는다. 이 세 영역의 순환적 작동은 생태법학이 단순한 사상적 운동이 아니라, 실제 사회 변동을 이끄는 학문적-제도적-실천적 통합 구조(Triple Helix of Ecology of Law)임을 보여준다. 따라서 생태법학의 과제는 법이 자연을 규제하는 수단이 아니라, 생태계의 자율적 질서를 보장하는 협력적 메커니즘임을 밝히는 데 있다.

4 생태법학의 연구 방법론

생태법학은 전통적인 규범 법학(Normative Jurisprudence)의 한계를 넘어서는 복합적·통합적 연구 방법론을 필요로 한다. 이는 법, 생태학, 사회학, 철학, 경제학, 데이터 과학을 포괄하는 학제 간 접근(Interdisciplinarity)을 전제로 한다.

(1) 사례 연구

생태법학 연구의 가장 기본적 연구 방법인 사례 연구(Case Study)

는 구체적 사례를 통한 규범의 실증적 검증이다. 법과 생태의 관계는 추상적 개념으로만 파악될 수 없기 때문에, 헌법 조항과 판례를 통해 현실 속에서 드러나야 한다. 예컨대 콜롬비아의 아트라토강 판결과 에콰도르의 로스 세드로스 판결은 자연의 법적 권리를 인정한 실제적 사법 사례로, 생태법학의 규범 원리가 제도화될 수 있음을 보여준다.

(2) 비교법적 방법

비교법적 연구(Comparative Method)는 생태법학이 지역적 사상을 넘어 지구적 법 이론(Global Jurisprudence)으로 발전하기 위한 핵심 방법이다. 라틴아메리카의 생태헌법주의(Ecological Constitutionalism), 유럽연합의 환경 헌장(EU Charter of Environmental Protection)은 모두 생태법학의 보편 원리를 지역적 특수성 속에서 변형·적용한 사례이다. 이 비교를 통해 생태법학은 단순한 국가별 제도 비교를 넘어, '국제적 법질서 전환'의 가능성을 탐색하게 된다.

(3) 통합 모형 연구

통합 모형 연구(Integrated Modeling)는 생태학적 데이터와 법 정책 자료를 결합해 법의 효과를 정량적으로 분석하려는 시도이다. 예를 들어, 탄소 중립 정책, 순환 경제 제도, 생태계 서비스 보상제(Payment for Ecosystem Services, PES) 등은 법학과 생태과학의 데이터

융합을 통해 정책 효율성을 평가할 수 있다. 이러한 시도는 생태법학을 '규범학이자 정책 과학(Policy Science)'으로 확장시키며, 법이 생태적 변화를 이끄는 실질적 행위자임을 입증할 수 있다.

(4) 참여적 연구

생태법학은 민주적이고 공동체적 법학이다. 시민, 원주민 공동체, NGO, 지역정부 등 다양한 주체가 법의 형성과 평가 과정에 직접 참여할 때, 법은 진정으로 생태 공동체의 윤리를 반영할 수 있다. 지역 생태 헌장(Local Charter), 공동체 복원 프로젝트, 시민 주도형 기후 소송 등은 이러한 참여적(participatory) 법학의 산물이다. 이는 법을 '국가의 명령'이 아니라 '공동체의 약속'으로 재정의하는 과정이다.

이러한 다층적 방법론은 생태법학이 단순한 환경법의 분과가 아니라, 법학의 존재론적 전환(ontological transformation)을 이끄는 학문임을 보여준다. 규범과 사실, 과학과 윤리, 제도와 참여가 서로 연결되는 이 구조는 법학을 생명의 현실 속으로 끌어들이는 통합적 인문사회과학의 모범이 될 것이다. 결국 생태법학은 "법을 생태계의 일부로 이해하려는 실험이자, 법학의 자기 혁신(project of self-renewal)"이라 할 수 있다.

결론: 인간법학에서 생태법학으로의 전환

법은 오랫동안 인간 문명의 가장 정교한 산물로서, 이성과 사회계약 위에 세워진 정의와 질서의 약속이었다. 그러나 기후위기와 생물 다양성 붕괴, 기술 문명의 폭주가 인류의 존립을 위협하는 오늘, 법은 본래의 사명인 '지속 가능한 질서의 보장'에서 점점 멀어지고 있다. 법이 여전히 인간만을 중심에 두는 동안 세계는 더 이상 인간만의 것이 아님이 분명해졌다. 이제 법은 인간의 언어에서 생명의 언어로, 문명적 질서에서 생태적 질서로 새롭게 태어나야 한다. 이 전환의 이름이 바로 '생태법학'이다. 생태법학은 인권·평등·정의라는 인간법학의 성취를 부정하지 않으면서, 그 근간이던 인간 중심적 세계관을 넘어 관계적 존재론 위에 법질서를 다시 세운다. 법의 주체는 고립된 개인이 아니라 서로 연결된 생명망의 구성원이며, '권리'는 책임과 상호 의존 속에서 재정의된다. 근대의 법이 정당성을 사회적 합의와 주권에서 찾았다면, 생태법학은 법의 근원을 생명 자체의 질서에서 찾는다. 사회가 성립하려면 생태계의 지속 가능성이 전제되어야 하므로, 법의 존재 이유는 인간의 자유가 아니라 지구 생명체 전체의 공존이다. 이 관점에서 법은 '사회계약'이 아니라 '생명 계약'이며, 그 정당성은 인간의 이익이 아니라 생태적 적합성에서 비롯된다. 에콰도르 헌법이 "자연, 즉 파차마마(Pachamama)는 존재하고 유지되며 재생될 권리를 가진다"고 선언한 사례는 법의 정당화 근거가 인간에서 생명으로 이동했음을 상징적으로 보여준다. 이러한 전환은 법질서 전체의 메타 규범적 재구성을 요구한다. 헌법 차원에서는 국민 주권을 넘어 생명 공동체 주권을 상정하는 생태헌정주의가, 국제법 차원에서는 국경을 넘어 지구 생명 질서를 규범의 근거로 삼는 지구헌법적 사유가 요청된다. 그 안에서 법의 목적은 권력 통제가 아니라 '조화'이며, 정의는 분배의 형평을 넘어 '관계의 회복'이다. 생태세는 단지 지질학적 구분이 아니라 인간이 스스로를 지구 생명망의 한 존재로 재인식하는 윤리적 전환기다. 이 시대에 법은 처벌과 통제의 기제가 아니라 생명의 순환을 지속시키는 공동 책임의 언어여야 한다. 결국 질문은 하나로 수렴한다. "법은 인간을 위하는가, 생명을 위하는가?" 이 질문에 대한 대답이 바뀌는 순간, 법은 문명을 넘어 생명의 문명으로 진화한다. 그때 정의는 조화로, 권리는 책임으로, 헌법은 인간의 계약에서 지구의 약속으로 바뀐다. 법은 문명보다 오래 남는 언어다. 우리가 다음 세대에 남겨야 할 문장은 분명하다. "법은 생명을 위한 언어로 다시 쓰여야 한다." 이 한 문장이 생태법학의 존재 이유이며, 제1부가 지향해 온 궁극의 비전이다.

제 2 부

생태법학의 법적 기초

제4장
생태법학의 철학적·법적 기반

1 생태법학과 자연법의 관계

(1) 자연법 전통의 핵심과 한계

자연법(natural law)은 '인간이 만든 법' 이전에 존재하는 보편적 질서 혹은 도덕을 전제한다. 고대·중세·근대의 자연법은 공통적으로 '인간은 자연(혹은 신이 부여한 질서)의 일부이며, 그 질서에 합치하는 행위가 정당하다'는 생각을 공유했다. 다만 그 전통에서 자연은 주로 인간 윤리의 기준을 제공하는 배경으로 이해되었고, 자연 그 자체가 법의 주체로 등장하지는 못했다. 이 지점에서 생태법학은 자연법의 통찰('인간은 더 큰 질서의 일부')을 인간 중심에서 생태 중심으로 전환한다. 다시 말해, 자연을 도덕·법의 배경이 아니라 권리의 주체로 위치시키는 것이다.

(2) 생태법학이 재해석하는 자연법

생태법학은 자연법의 도덕적 토대를 이어받되, 다음 세 가지로 재구성한다.

- 자연은 단지 '이해의 대상'이 아니라 자율적 질서를 가진 존재(계)다.
- 자연은 법적 주체가 될 수 있으며, 인간은 그 권리를 존중·보전·회복할 책임을 진다.
- 법은 인간 내부의 형평을 넘어서 생태계와의 관계적 정의를 지향해야 한다.

이러한 재해석은 라틴아메리카의 헌법·판례에서 제도화되기 시작했다. 특히 에콰도르 헌법(2008)은 "자연, 즉 파차마마(Pachamama)는 존재하고 유지되며 재생될 권리를 가진다"는 선언을 통해 자연을 헌법상 권리 주체로 명시했고, 그 해석 원리로 자연 우선 원칙(in dubio pro natura)을 채택했다. 이는 자연법의 윤리를 헌법 질서로 끌어올린 첫 본보기가 된다.

2 심층 생태론 · 가이아 · 지구법학: 법적 함의

(1) 심층 생태론: '자연은 그 자체로 목적'

심층 생태론(Deep Ecology)은 자연의 내재적 가치를 인정하고, 인간을 생태 공동체의 일원으로 본다. 법적 함의는 분명하다. 숲·강·습지 등은 단순한 '관리 대상'이 아니라 권리 귀속의 단위가 될 수 있다. 뉴질랜드·콜롬비아의 '강 법인격' 판결과 같은 제도화는 이 철학의 실제적 표현이다. 콜롬비아 아트라토강 판결은 강을 '생명 공동체의 주체'로 선언하고 수호자 제도를 통해 복원 책임을 구체화했다.

(2) 가이아 관점: '지구는 하나의 생명 시스템'

가이아(Gaia) 관점은 지구를 자가 조절적 생명 체계로 본다. 법은 개별 오염 규제의 합을 넘어, 시스템의 안정성·복원력을 유지하는 방향으로 설계되어야 한다. 이 관점은 단발성 배상보다 생태계 복원을 1차적 구제 수단으로 삼는 입법·판결을 정당화한다(예를 들어 강·산림에 대한 복원 명령 중심의 판결 경향).

(3) 지구법학: '법의 주체는 인간만이 아니다'

지구법학(Earth Jurisprudence)은 법의 중심을 인간 사회에서 지구 공동체로 이행시키자고 제안한다. 라틴아메리카의 부엔 비비르 (Buen Vivir, 좋은 삶), 자연 권리 조항, 생태 해석 원칙 등은 지구법학의 사상을 헌법·사법에 접속시킨 구체 모델이다. 에콰도르 헌법의 자연 권리 조항, 빌카밤바 강 사건(2011), 로스 세드로스(2021), 에스트렐리타(2022) 판결의 심화는 '권리 주체로서의 자연'을 기준으로 사법 심사 구조를 재편하고 있다.

3 환경윤리와 법: 규범의 전환

(1) 세 가지 윤리 축과 법적 귀결

환경윤리는 인간과 자연의 관계를 규정하는 규범적 토대로서, 그 발전은 세 가지 윤리 축으로 구분된다. 첫째, 인간 중심주의(Anthropocentrism)는 환경을 인간의 복지와 생존을 위한 도구적 수단으로 간주한다. 전통적 환경법은 이 관점을 반영하여 오염 규제, 자원 관리, 환경영향평가 등을 중심으로 발전했다. 이 단계의 법은 환경 피해의 사후적 통제에 집중하며, 인간의 경제 활동을 전제로 한 관리 윤리를 유지한다.

둘째, 생명중심주의(Biocentrism)는 모든 생명체가 고유한 도덕적 가치를 지니며, 인간이 그 생명을 존중할 의무를 진다는 점을 강조한다. 이에 따라 법적 논의는 개별 종 또는 생명체의 보호로 확대되었고, 멸종 위기종 보호법, 동물 복지법 등에서 그 실천이 제도화되었다.

셋째, 생태 중심주의(Ecocentrism)는 생태계 전체의 통합성과 복원력을 윤리적·법적 판단의 기준으로 삼는다. 이 단계에서 법의 목적은 인간과 자연의 이익 조정이 아니라, 생태계 전체의 균형 회복에 있다. 라틴아메리카의 헌법과 판례들은 이 생태 중심적 관점을 실정법 차원에서 제도화했다. 에콰도르 헌법은 자연 자체를 권리의 주체로 인정하고, 헌법 제71조와 제395조, 397조를 통해 "자연의 존재·유지·재생 권리"와 "자연 우선 해석 원칙"을 명문화했다. 이러한 원칙은 선언적 규정에 그치지 않고, 헌법상 보호소송(Acción de protección)을 통해 권리 실현의 절차적 장치로 연결되었다.

한편, 콜롬비아 헌법재판소는 아트라토강 판결에서 강을 법인격체로 인정하고, 국가가 그 보호와 복원을 위한 수탁자로서의 의무를 진다고 명시했다. 이 판결은 기존의 손해배상 중심적 정의에서 벗어나, 생태계의 복원을 1차적 구제 수단으로 삼은 첫 사례로 평가된다.

(2) '복원적 정의'로의 이동

생태위기 시대의 정의는 처벌이나 금전적 배상이 아니라 관계의 회복에 중점을 둔다. 생태법학의 관점에서 정의란 인간과 자연, 현재 세대와 미래 세대, 나아가 인간과 비인간 존재 간의 균형을 되찾는 과정이다. 따라서 '정의'는 단순히 법적 형평이 아니라 생명망의 회복(Reconnection of Life Networks)을 의미한다.

에콰도르의 로스 세드로스 판결(2021)과 콜롬비아의 아트라토 강 판결(2016)은 이러한 전환을 구체화한 대표적 판례이다. 두 판결은 모두 생태계의 훼손을 헌법상 자연의 권리 침해로 판단하고, 복원 명령을 직접 내림으로써 법의 역할을 '사후적 제재'에서 '선제적 회복'으로 재정의했다. 특히 로스 세드로스 판결은 광산 개발 인허가가 헌법 제71조의 자연 권리를 침해한 것으로 판단하며, 사전 예방 원칙과 복원 명령을 결합한 법리 구조를 확립했다.

이러한 사례들은 생태법학이 추구하는 정의가 단순한 도덕적 요청이 아니라, 헌법과 사법 제도 속에서 실질적 구제 원리로 작동할 수 있음을 보여준다. 즉, 생태 중심 윤리는 이제 법의 내부에서 '복원적 정의(Restorative Justice)'의 규범 구조로 전환되고 있다.

4 생태정의와 탈식민주의 법학

(1) 생태정의: 인간 · 비인간 · 세대 간 정의의 결합

생태정의는 현재 세대 내부의 형평을 넘어 미래 세대·비인간 자연을 포함한다. 콜롬비아의 기후·산림 사건(아마존 파괴 중지 명령 등)은 미래 세대의 환경권과 국가의 구조적 의무를 확인하며, 국제적 합의(파리 협정)의 국내 법적 이행을 촉구했다.

(2) 탈식민 관점: 원주민 지식과 법의 다원성

식민의 법은 자연을 자원·상품으로 전제해 왔다. 라틴아메리카의 전환은 원주민 우주관(부엔 비비르)을 헌법에 통합하여 자연의 주체성을 회복했다. 이는 국가법·관습법·공동체 규범이 병존하는 법적 다원주의 속에서 실효성을 얻는다. 에콰도르의 자연 우선 해석 원칙과 보호 소송 제도는 이러한 다원성을 헌법적 절차로 결박하는 장치다.

5 자연의 법적 주체성과 권리-책임-의무의 재구성

(1) 자연의 법적 주체로서의 인정 근거

역사적으로 법은 권리 주체의 범위를 끊임없이 확장해 왔다. 고대에는 오직 자유민만이 법적 주체로 인정되었으나, 근대에 이르러 노예·여성·아동, 그리고 비인격적 단체인 법인(corporation)까지도 권리의 주체로 포함되었다. 생태법학은 이러한 확장 과정을 자연으로까지 이어간다. 이때 주체성의 기준은 단순한 행위능력이나 의사 표현 능력이 아니라, 공동체의 본질적 가치와 법제도적 수호·복원 가능성의 결합에 있다.

라틴아메리카의 생태헌법과 판례들은 이러한 구조를 실질적으로 제도화했다. 에콰도르는 헌법 제71조에서 자연(Pachamama)

을 "존재하고 유지되며 재생될 권리"를 가진 주체로 명시하고, 헌법 보호 소송(Acción de protección)을 통해 선언적 권리를 절차적 권리로 전환했다. 콜롬비아 헌법재판소는 2016년 아트라토강 판결에서 강을 생명 공동체이자 법인격체로 인정하고, 국가와 지역 공동체에 수호자로서의 복원 의무를 부과했다. 이러한 제도적 세트(권리-수호자-복원 명령)는 자연의 주체성 개념이 단지 선언이 아니라 실정법적 체계 속에서 기능함을 보여준다.

이러한 전환은 1972년 크리스토퍼 스톤의 고전적 논문「나무에게도 권리가 있는가?」로 거슬러 올라간다. 스톤은 "나무가 소송을 제기할 수 있다면?"이라는 문제의식을 통해, 과거 노예·여성·아동이 법적 권리에서 배제되었다가 사회적 인식의 전환을 통해 권리 주체로 인정된 역사와 자연의 지위를 병렬시켰다. 그의 주장은 이후 에콰도르·볼리비아의 헌법, 뉴질랜드·인도·콜롬비아의 판례에서 실정법적 근거로 구체화되었다.

생태법학은 이러한 흐름을 규범적 이상이 아닌 이론적 정합성의 문제로 본다.

첫째, 생명 중심주의(Biocentrism)는 모든 생명체가 내재적 가치를 가지며, 인간과 동등한 법적 존엄성을 지닌다는 전제 위에 선다. 코맥 컬리넌은 인간이 자연에 권리를 '부여'하는 것이 아니라, 이미 존재하는 권리를 '인식'하고 '존중'해야 한다고 강조한다.

둘째, 생태적 정의(Ecological Justice)는 정의의 대상을 인간으로 한정하지 않고, 생태계 전체로 확장한다. 토마스 베리(Thomas Berry)가 말한 "우주는 객체의 집합이 아니라 주체들의 공동체"라는 선언은 이러한 전환의 철학적 근거를 제시한다.

셋째, 법적 일관성(Legal Consistency)의 요구이다. 인위적 구성체인 법인조차 권리의 주체로 인정받는 현실에서, 생태계라는 실체적 존재를 법적 객체로만 취급하는 것은 법의 논리와 정합성에 어긋난다. 데이비드 보이드(David R. Boyd)는 자연의 권리 인정이 법의 정의 개념을 확장하고 사회적 가치 체계를 재구성하는 계기가 된다고 평가한다.

(2) 권리 · 책임 · 의무의 재해석

① 전통적 구조와 한계

근대 법체계는 권리(rights), 책임(responsibility), 의무(duty)를 인간 중심의 사회적 질서 유지를 위한 삼분 구조로 설계했다. 권리는 국가와 타인으로부터 침해받지 않을 법적 자격, 책임은 권리 행사에 수반되는 법적 부담, 의무는 국가가 주체에게 부과하는 규범적 요구를 의미한다.

그러나 이 구조는 모든 주체를 인간 또는 인간이 구성한 법인으로 한정한다. 자연은 행위능력의 부재를 이유로 법적 주체에서 배제되어 왔다. 하지만 역사적으로 행위능력이 결여된 존재인 아동, 식물인간, 법인의 구성원 등도 법적 보호를 받는 주체로 인정되어 왔다는 점에서, 이러한 논리는 일관성을 상실한다. 자연 역시 법적 대리 제도(guardian ad litem 등)를 통해 절차상 권리 주체로 기능할 수 있다.

② 생태법학의 재구성

생태법학은 권리-책임-의무의 삼분 구조를 인간 사회 내부 관계에서 '인간-자연 관계'로 확장한다. 즉, 자연은 권리의 주체, 인간과 국가·기업은 의무와 책임의 주체로 재배열된다. 에콰도르 헌법(2008)은 자연이 존재·유지·재생할 권리를 가진다고 규정하고, 침해 시 누구든 이를 대신하여 소송을 제기할 수 있도록 했다. 볼리비아의 〈어머니 지구 권리 선언〉(2010) 역시 공기·물·생물 다양성의 보전권을 자연에 부여했다. 이러한 규범 구조는 자연을 '이용 가능한 자원'에서 '법적 존엄을 지닌 존재'로 전환시킨다.

이에 대해 흔히 제기되는 반론인 "자연은 권리만 있고 책임은 없는가?"에 대하여, 생태법학은 '책임의 전가'가 아니라 '책임의 재배치'라는 논리로 답한다. 갓난아이는 권리를 갖되 책임 능력은 없으며, 그 권리는 사회가 대신 보호한다. 마찬가지로 자연은 권리의 주체이지만, 그 권리 실현의 책임은 인간과 사회가 공동으로 부담한다. 보셀만은 이를 "환경 위기는 기술의 실패가 아니라 책임의 실패이며, 인간 중심주의 법질서의 구조적 한계에서 비롯된다"[1]고 지적한다. 따라서 법은 단순한 배상 체계를 넘어, 훼손된 생태계의 복원(restoration)을 법적 의무로 규정해야 한다.

이러한 관점은 국제적 규범에서도 확인된다. 유엔 총회 결의 〈A/RES/73/284〉(2019)는 '생태계 복원의 10년(UN Decade on

---

[1] Klaus Bosselmann, *The Principle of Sustainability: Transforming Law and Governance*, Farnham: Ashgate, 2008.

Ecosystem Restoration)'을 선포하며, 각국이 보전을 넘어 복원을 법적·정책적 의무로 통합할 것을 요구했다. 이에 따라 생태법학은 권리-책임-의무의 균형을 다음과 같이 재구성한다.

- 자연: 존재·유지·재생·복원의 권리를 가진다.
- 인간·기업·국가: 자연의 권리를 침해하지 않을 책임과, 훼손 시 복원할 의무를 진다.

③ 판례적 구체화

이 원리는 국내 판례에서도 구체적으로 작동하고 있다. '셸 나이지리아(Shell Nigeria) 사건'(네덜란드 헤이그 법원, 2011)[2]에서 재판부는 단순한 손해배상에 그치지 않고, 오염된 환경 자체의 복원과 구조적 재발 방지 조치를 명령했다. 이는 생태계가 독립된 보호법익임을 인정한 초기 사례로 평가된다. 콜롬비아 헌법재판소는 아트라토강을 생명 공동체로 선언하며, 국가를 법정 수호자로 지정했다. 이 판결은 자연의 권리를 선언하는 데 그치지 않고, 국가의 복원 의무를 구체적 법적 책임으로 부과한 첫 전환점이었다.

④ 생태적 의무의 제도화

생태법학은 자연보호를 도덕적 호소가 아니라 법적 의무로 격

---

2) Rechtbank Den Haag, ECLI:NL:RBDHA:2013:BY9854 https://uitspraken.rechtspraak.nl/details?id=ECLI:NL:RBDHA:2013:BY9854

상시킨다. 이를 '생태적 의무(Ecological Duties)'라 하며, 그 내용은 다음과 같다.

- 시민은 환경 파괴를 방지하는 예방 의무(preventive duty)와 훼손된 환경을 복원하는 복원 의무(restorative duty)를 진다.
- 기업은 '무해 원칙(no harm principle)'을 준수하며, 생산·공급망 전반에 환경 책임 시스템을 구축해야 한다.
- 국가는 미래 세대를 위한 수호자로서 환경 보전을 위한 입법·행정 정책을 실현할 책임을 진다.

결국 생태법학이 제시하는 권리-책임-의무의 재구성은 인간 중심적 법질서를 생명 공동체적 법질서로 전환하려는 시도이다. 자연은 더 이상 보호의 객체가 아니라, 권리의 주체로서 법적 공동체의 일원으로 자리 잡으며, 인간은 그와의 관계 속에서 책임과 의무를 인식하는 존재로 재정립되는 것이다.

6 법적 다원주의와 제도 설계의 방향

(1) 법적 다원주의의 의의

현대 법질서는 오랫동안 국가가 독점적으로 법을 제정·집행하는 단일 체계를 전제로 발전해 왔다. 그러나 실제 사회에서는 국가법 외에도 관습법, 종교법, 원주민 전통법 등 다양한 규범 체계가 공존하며, 이들이 공동체의 질서 유지와 분쟁 해결에 실질적 역할을 수행하고 있다. 이러한 현상을 이론적으로 설명하는 틀이 바로 법적 다원주의(Legal Pluralism)이다.

법적 다원주의는 법을 국가의 지배 도구로 한정하지 않고, 인간과 자연의 관계를 규율하는 다층적·자율적 규범 체계의 존재를 인정한다. 특히 생태법학은 이러한 다원적 법 현실을 단순히 '국가법의 외연'으로 보는 데 그치지 않고, 생태 중심적 법질서로 전환하기 위한 이론적 토대로 활용한다. 즉, 생태법학은 인간 중심의 단일 법체계에서 벗어나, 지역 공동체와 자연의 관계 속에서 형성된 규범 질서를 법의 정당한 구성요소로 통합하려는 시도이다.

(2) 지역 공동체와 전통 법의 생태적 의미

라틴아메리카, 아프리카, 아시아의 여러 지역 사회에서는 자연을 단순한 자원이 아니라 조상적 존재이자 생명 공동체의 일원으로 인식하는 법적 전통이 오래전부터 유지되어 왔다. 예컨대 뉴질랜드의 황가누이강 판결(2017)에서 마오리족은 "강은 우리의 조상이며, 우리는 강의 일부다"라는 인식에 근거하여 강의 법적 인격을 인정받았다. 정부와 마오리 공동체가 공동으로 강의 법정대리인으로 지정된 이 판결은, 국가법과 전통 법이 조화를 이루는 법적 다원주의의 모범 사례로 평가된다.

비슷하게, 케냐·인도네시아 등에서는 산림과 수자원 관리에서 국가법보다 공동체의 관습법이 더 높은 실효성을 보인다. 생태계의 특수성과 지역성을 반영한 공동체 법은 추상적 국가 규범보다 구체적이고 지속 가능한 생태 관리 수단으로 작동한다. 이러한 사례들은 법의 생태적 기능이 단지 중앙집권적 입법으로는 실현될 수 없으며, 지역의 생태문화와 전통 법의 참여가 필수적임을 보여준다.

(3) 생태법학과 법적 다원주의의 결합

법적 다원주의는 생태법학에 세 가지 중요한 함의를 제공한다. 첫째, 자연의 권리는 근대 이후 새로 발명된 개념이 아니라, 오랜 세월 동안 전통 법과 공동체 관습 속에서 실천되어 온 법적 감수성의 일부라는 점이다. 볼리비아와 에콰도르 헌법이 원주민의 우주관(cosmovisión indígena)을 반영하여 자연의 권리를 명문화한 것은 그 대표적 예다.

둘째, 생태법학은 이러한 전통 법의 지혜를 현대 법제도와 결합함으로써, 더 포용적이고 지속 가능한 법질서를 설계할 수 있다. 공동체 전통은 생태계와 인간의 상호성·균형·책임을 중시하며, 이는 생태법학이 지향하는 관계적 법질서(relational order)와 정확히 일치한다.

셋째, 법적 다원주의는 단순한 법원의 다양화가 아니라, 법철학과 윤리의 전환을 요구한다. 소유·개발 중심의 근대 법이론을 넘어, 공동체성·복원력·상호 의존성을 중심으로 하는 새로운 법윤리를 가능하게 한다.

결국, 생태법학은 법적 다원주의를 통해 인간 중심의 단일 질서를 넘어서는 관계적·복원적 법체계를 구상한다. 법은 더 이상 국가의 명령 체계가 아니라, 자연과 인간이 공존하는 다층적 생명 공동체의 규범 언어가 된다.

(4) 제도 설계의 방향

생태법학이 현실에서 작동하기 위해서는 이러한 철학적 기초 위에 구체적 제도 설계가 병행되어야 한다. 제도 설계의 핵심은 다음 네 가지 축으로 요약된다.

① 헌법적 원리화: 헌법 차원에서 자연 우선 원칙과 자연 권리를 명시하고, 인간의 기본권과 동등한 수준의 규범적 효력을 부여해야 한다.

② 절차적 보장: 자연의 권리를 실질적으로 행사할 수 있도록 보호 소송(Acción de protección), 집단 소송(class action), 입증 책임의 친환경적 전환(green burden shifting) 등을 제도화해야 한다.

③ 수호자·트러스트 제도: 특정 강·숲·생태계에 대해 법정대리인(guardian) 혹은 공적 신탁(trustee)을 지정하여, 자연의 권리 실현을 위한 대표 구조를 마련한다.

④ 복원 명령의 최우선화: 오염 행위에 대한 사후 처벌이나 배상보다, 훼손된 생태계의 회복과 복원을 1차적 구제 수단으로 규

정한다.

에콰도르와 콜롬비아의 경험은 이러한 규범-절차-구제의 통합구조가 작동할 때, 생태법학이 단순한 이상이 아닌 실효적 법체계로 기능함을 보여준다. 법은 이론이 아니라 제도로, 제도는 다시 복원적 행위로 연결될 때 비로소 생태적 정의를 구현할 수 있다.

(5) 법적 주체성의 다원화와 생태법학의 확장

21세기의 생태법학은 더 이상 인간과 자연만의 관계에 머무르지 않는다. 인공지능(AI), 로봇, 디지털 생명체, 우주 생태계 등 새로운 비인간 행위자(non-human actors)가 등장하면서, 법적 주체성의 경계는 다시 확장되고 있다. 유럽의회는 2017년 보고서에서 "로봇이 자율적으로 판단·행동할 경우 '전자 인격(electronic personhood)'을 고려할 수 있다"고 제안했고,[3] 라이언 칼로(Ryan Calo)는 기술 주체가 법적 책임의 일부를 부담할 수 있는 '법적 행위자(legal actor)' 개념을 제시했다.[4]

이러한 논의는 생태법학이 인간-자연의 이분법을 넘어, 기술-자연-인간이 얽힌 복합적 생태계의 법질서를 고려해야 함을 시사

---

3) European Parliament, 2017, P8_TA(2017)0051.
4) Ryan Calo, "Robotics and the Lessons of Cyberlaw", February 28, 2014, *California Law Review*, Vol. 103, No. 3, pp. 513-563.

한다. 더 나아가, 우주 탐사와 행성 개발의 확산은 법의 지평을 지구 생태계에서 우주 생태계로 확장시킨다. 〈국제우주조약〉(1967)이 우주를 '인류 공동의 유산(common heritage of mankind)'으로 선언했음에도, 생태적 책임 규정은 여전히 미비하다. 향후 생태법학은 이를 보완하는 '우주 생태법(Space Ecological Law)'으로 진화해야 한다.

결국, 법적 주체성의 다원화는 인간·자연·기술·우주를 하나의 관계망 속에서 바라보는 새로운 법사상의 기초를 형성한다. 생태법학은 이 관계적 사유를 통해, 법을 규제의 언어에서 공존과 순환의 언어로 재구성하고 있다.

제4장의 핵심 내용을 요약하면 다음과 같다.

- 생태법학은 자연법의 '더 큰 질서'를 자연의 주체성으로 전환한 법학이다.
- 라틴아메리카는 헌법(자연 권리·자연 우선 원칙)-사법(수호자·복원 명령)-절차(보호 소송)의 삼중 구조로 이를 제도화했다.
- 정의는 처벌이 아니라 회복, 권리는 인간만이 아닌 자연, 책임은 자연이 아닌 인간·국가·기업에 귀속된다.
- 법은 '자연의 언어를 번역하는 장치'이며, 생태법학은 그 번역의 새로운 문법을 창조하는 법학이다.

제5장
새로운 법적 주체:
자연, 인공지능, 그리고 생태계의 다양성[5]

현대 생태법학은 법적 주체를 자연에만 한정하지 않고, 인공지능, 자율 로봇, 우주 생태계 등 새로운 실체들까지 포괄하는 다원적 인격 체계로 발전하고 있다. 이러한 전환은 법학의 존재론적·기능적 기반을 재구성하는 시도이며, 특히 다음과 같은 세부 주제로 구성할 수 있다.

---

[5] 보다 심층적인 논의는 조희문, 「생태세(Ecopocene) 시대의 법인격 재구성: 공익목적 법인격에 관하여」, 《외법논집》 제49권 제3호, 2025, 1-30쪽을 참조. 이 논문은 본서의 제5장에서 전개되는 '새로운 법적 주체' 논의의 철학적·제도적 기반을 이루며, 생태세 시대의 법인격을 인간-비인간-기술 주체가 공존하는 공익 지향적 법질서로 재구성하고 있다.

1 새로운 법인격 논쟁의 확장: 자연에서 비인간 주체로

우리가 법의 눈으로 세상을 본다는 것은, 누가 법적으로 말할 자격이 있는지를 묻는 일이다. 법적 인격(legal personhood)이란, 권리와 의무를 가질 수 있는 주체로 법적으로 승인된 존재를 뜻한다. 오늘날 인간과 기업은 명백한 법적 인격자로서 법의 세계에 들어와 있다. 하지만 급속히 진화하는 인공지능과 로봇, 그리고 인간이 직접 영향을 미치고 있는 자연과 우주 생태계는 과연 법의 경계 밖에 있어야 할까?

이 장에서는 자연뿐 아니라 인공지능, 자율 로봇, 우주 생태계 같은 '비인간 주체들'이 법적 인격을 가질 수 있는지에 대한 논의를 소개하고, 생태법학이 왜 이들을 법의 대상으로 포섭해야 하는지를 설명한다.

(1) 자연은 왜 법의 주체가 되어야 하는가?

1972년, 미국 법학자 크리스토퍼 스톤은 자연은 말은 못 하지만, 그렇다고 권리를 가질 수 없는 것은 아니라고 주장했다. 스톤의 주장은 당시엔 급진적으로 받아들여졌으나, 반세기가 지난 오늘날, 여러 나라에서 실제로 자연에게 법적 인격을 부여하는 판결과 법률이 등장하고 있다.

에콰도르 헌법(2008)은 세계 최초로 "자연, 즉 파차마마(Pachamama)는 존재하고 유지되며 재생될 권리를 가진다"고 명시했다. 이는 단순한 선언이 아니라 실제 소송으로 이어졌다. 2011년, 빌카밤바강(Vilcabamba River)이 도로공사로 피해를 보자, 시민단체는 강을 대신하여 헌법재판소에 소송을 제기했고, 법원은 "자연의 권리가 침해되었다"고 판결했다. 콜롬비아 헌법재판소는 2016년 판결에서 아트라토강을 '생명 공동체'로 선언하며 "국가와 지역 공동체는 그 권리를 공동으로 수호할 책임이 있다"고 명시했다. 이 판결은 생태계 보호뿐 아니라, 아프리카계 원주민 공동체의 문화권과 환경권을 통합적으로 고려한 것이었다.[6] 뉴질랜드 의회는 2017년, 마오리족의 요청을 반영해 황가누이강을 법적 인격체로 인정했다. 이 강은 단순한 수원이 아니라 마오리족에게 조상이며 살아 있는 존재다. 뉴질랜드 정부는 마오리 공동체와 함께 '강의 법적 대리인'을 지정하여 관리하도록 법을 설계했다.

이러한 사례는 자연이 단지 보호 대상이 아니라, '권리의 주체'로 새롭게 조명되고 있음을 보여준다. 생태법학은 이 흐름 속에서 자연을 법적 인격으로 인정하는 것은 단지 상징이 아니라, 생태계의 자율성과 회복력을 존중하는 새로운 법질서라고 본다.

(2) 기술 생태계: AI 로봇도 법의 주체가 될 수 있는가?

만약 당신이 자율주행차의 사고로 피해를 보았다면, 누구를 상

---

[6] 콜롬비아 헌법재판소, Sentencia T-622/16, 2016.

대로 소송을 제기해야 할까? 차량의 소유자인가, 제조사인가, 아니면 스스로 판단하여 조작한 인공지능 시스템 자체인가?

2017년 유럽의회는 이러한 질문에 응답하기 위해 "자율적 결정을 내리는 인공지능에게 전자 인격(electronic personhood)을 부여하자"는 보고서를 발표했다. 이 제안은 전통적인 법체계의 한계를 드러낸다. 법은 '의사결정 능력'과 '책임 능력'을 중심으로 인격을 부여해 왔지만, 오늘날의 AI는 명확한 소유자나 프로그래머를 넘어서 독립적인 판단과 학습 능력을 갖추고 있다. 이에 따라 '법적 인격'이라는 도구를 통해 책임 구조를 형성하고, 권리와 의무를 설계해야 한다는 주장이 제기된다. 예를 들어, 오픈AI(OpenAI)의 챗GPT나 테슬라(Tesla)의 자율주행 시스템은 스스로 정보를 학습하고 반응한다. 이들이 만든 결정으로 인한 사고나 피해에 대해 단지 인간 프로그래머에게 모든 책임을 전가하는 것은 현실에 부합하지 않는다.

물론, 인공지능에게 법적 인격을 부여한다고 해서 감정이나 도덕을 가진 존재로 간주하는 것은 아니다. 법적 인격은 어디까지나 기능적·관리적 개념이다. 인간도, 기업도, 심지어 가톨릭교회도 법적 인격을 부여받아 왔다. 그렇다면 '의도를 가진 기계 시스템'이 이 목록에 포함되지 못할 이유는 무엇인가?

(3) 우주 생태계의 법적 포섭: 인간 너머의 세계

우주 탐사 시대가 도래하면서, 우리는 지구 넘어 생태계를 마주하고 있다. 미국 항공우주국(NASA)과 스페이스엑스(SpaceX)는 화성에 인간을 보낼 계획을 추진 중이며, 국제연합은 이미 〈우주공간의 평화적 이용에 관한 조약(우주 조약)〉(1967)을 통해 우주 자원 개발의 국제 규범화를 시도하고 있다. 문제는 우주 폐기물(space debris)이나 달의 채굴 같은 활동이 미래 세대와 우주 환경에 미칠 영향에 대한 법적 책임 구조가 아직 정립되지 않았다는 점이다.

국제 우주법 전문가인 스티븐 프리랜드(Steven Freeland)는 "우주 또한 인류 공동의 유산이며, 그 환경을 파괴하거나 오염시킬 권리는 어떤 국가에도 없다"고 주장한다.[7] 이러한 관점은 '우주 생태계'도 하나의 법적 보호 영역으로 간주하고, 필요한 경우 독립적 법적 인격을 고려해야 함을 의미한다. 이는 곧 지구적 생태정의(Earth Justice)를 넘어, 우주 생태정의(Cosmic Justice)라는 새로운 개념으로 확장될 가능성을 보여준다.

(4) 법의 경계 확장, 새로운 시대의 과제

법적 인격은 단순히 존재의 사실(fact of being)이 아니라, 사회가 그 존재를 어떻게 인식하고 대우할 것인지에 대한 가치판단(value judgment)이다. 생태법학은 인간 중심의 법 개념에서 벗어나, 복잡

---

[7] Steven Freeland, "Peaceful Purposes? Governing the Military Uses of Outer Space", *European Journal of Law Reform*, 18(1), 2016.

하게 얽힌 생명·기술·우주 시스템을 고려한 법적 재구성을 요청한다.

자연, AI, 로봇, 우주 생태계는 단지 새로운 대상이 아니라, 법이 새롭게 질문을 던지고 응답해야 할 존재들이다. 이들은 이제 법정의 문을 두드리고 있다. 우리의 법은 이들의 목소리를 들을 준비가 되어 있는가?

2 다원적 인격성의 모델들: 이론적 기반과 적용 가능성

전통적으로 법인격은 인간과 법인(회사, 종교 단체 등)에 한정되어 있었다. 그러나 기후위기, 기술의 자율성, 우주 활동의 확장 등은 이제 법이 고려해야 할 주체의 범위를 넓히고 있다. 이러한 배경에서 생태법학은 '법적 인격'의 철학적 기초를 다시 질문하고, 단일한 기준이 아니라 다원적인 인격 모델을 모색해야 한다고 주장한다. 특히 전통 법 이론에서 제시된 의사설, 목적설, 허구설, 실재설은 인간과 비인간 존재를 구별하는 것이 아니라, 법이 어떻게 관계를 설정하고 제도화할 수 있는지를 보여주는 틀이다. 아래에서는 이 네 가지 이론을 중심으로, 각각이 어떤 새로운 인격 주체들과 접점을 가질 수 있는지 이론적 기반과 실제 적용 가능성을 살펴본다.

(1) 의사설과 AI: 판단 능력 기반 인격의 새로운 경계

의사설(will theory)은 법적 인격을 '자기결정 능력(self-determination)' 또는 '의사 표현 능력'을 기준으로 정의한다. 이는 근대 시민법의 핵심 전제였으며, 자연인은 이성을 가진 존재로서 인격을 갖고, 무능력자(예, 아동, 중증장애인)는 법적 보호를 받되 제한된 인격자로 보았다.

하지만 AI의 발전은 이 기준을 새롭게 흔들고 있다. 예를 들어, 오픈AI의 GPT-4는 이미 고등 사고 능력(논리적 추론, 창작, 요약, 법률 초안 작성 등)을 구현하고 있으며, 스탠퍼드대학교의 2023년 실험에서는 의료·법률·교육 분야에서 AI가 인간 전문가보다 높은 정확도를 보이기도 했다.[8] AI의 결정이 사회적, 경제적 영향을 미치며, 때로는 의도를 가진 행위자로 간주되기도 한다. 이는 단순한 도구(tool)를 넘어, 법적으로 책임을 묻거나, 행동을 규율할 필요성을 제기한다.

물론 AI가 감정이나 윤리를 갖고 있지 않다는 점에서 인간 인격과 동일하게 보는 것은 무리다. 그러나 의사설의 핵심이 의사 표현 능력이라면, 법은 이를 대리인 제도나 책임 구조를 통해 제한적으로 구현할 수 있다. 유럽 의회는 이러한 맥락에서 '전자 인격'이라는 개념을 논의한 바 있으며, 이는 향후 AI의 법적 인격 논

---

8) https://hai.stanford.edu/news/can-ai-improve-medical-diagnostic-accuracy

의의 핵심 이론이 될 수 있다.

(2) 목적설과 생태계: 공익 실현의 법인격 부여

목적설(purpose theory)은 특정한 사회적 또는 공익적 목적을 실현하기 위해 법이 인격을 부여할 수 있다고 본다. 즉, 인격은 존재의 본질이 아니라, 사회적 목적 달성 수단으로 주어진 법적 구조이다. 이 관점은 생태계나 자연의 법적 인격을 정당화하는 데 매우 적합하다.

에콰도르 헌법이 "자연, 즉 파차마마(Pachamama)는 존재하고 유지되며 재생될 권리를 가진다"고 선언한 이유도, 생물 다양성과 기후 안정이라는 공익 실현을 위함이었다. 볼리비아의 〈어머니 지구권리선언〉(2010)은 목적설의 실례다. 이 법은 '생태적 균형과 조화로운 공존'이라는 헌법적 가치를 실현하기 위해 자연에 권리를 부여하고, 국가는 이를 수호할 의무를 진다고 규정한다. 이와 유사하게, 뉴질랜드는 마오리족의 문화권 보호라는 목적 아래, 강과 숲에 법적 인격을 부여했다.

AI나 자율 로봇 역시 공익적 질서 유지 또는 위해 방지를 위한 목적에서 제한적 법인격 부여가 논의될 수 있다. 예컨대 자율주행차가 도로 위에서 발생할 사고를 최소화하고 보험 책임 구조를 명확히 하기 위해, '행위 주체'로서 법적 성격을 부여하는 방안이 논의될 수 있는 것이다.

(3) 허구설과 제도 설계: 법이 인격을 창조하는 힘

허구설(fiction theory)은 법적 인격은 실존 여부와 무관하게, 법이 인정하는 순간 만들어진 제도적 구성물이라는 입장이다. 기업이나 협회가 법적 인격을 가진다는 사실이 바로 그것이다. 기업은 감정도, 의지도, 생물학적 실존도 없지만, 계약을 체결하고 소송을 제기하고, 벌금을 내며, 심지어 표현의 자유도 보장받는다. 같은 논리로, 자연, AI, 우주 생태계도 법이 필요하다고 판단하면 인격을 가질 수 있다. 법학자 한스 켈젠(Hans Kelsen) 역시 '법적 인격은 법이 의도적으로 만들어낸 기능적 개념'이라고 주장했다. 2017년 뉴질랜드 황가누이강 사례는, 마오리족의 신앙과 자연관에 기초하여 강을 독립된 인격으로 구성한 점에서 제도 설계의 힘을 잘 보여준다. 이 제도는 정부와 마오리 대표가 공동 대리인으로서 강의 이익을 옹호하도록 규정했다.

이러한 설계는 법의 유연성과 실용성을 동시에 보여준다. 제도 설계를 통해 '자연을 위해 말하는 사람(voice for the voiceless)'을 정당하게 제도화할 수 있으며, 이는 생태정의 실현의 중요한 수단이 된다.

(4) 실재설과 우주 생태계: 실존하는 집합체로서의 법 주체

실재설(realist theory)은 법인격을 단순한 법적 허구가 아니라, 사회적으로 실재하는 집합적 실체(collective reality)로 이해한다. 이 이론에 따르면 대학, 교회, 기업과 같이 실제 구성원을 가지고 조직화된 구조와 목적을 지닌 단체는 단순한 법적 가상물이 아니라, 독립적인 실체로서 법적 인격을 인정받을 근거를 가진다. 이러한 접근은 집단적 실체의 존재론적 기반을 강조하며, 법이 현실의 사회적 조직을 반영해야 한다는 점을 전제로 한다.

이러한 실재설의 관점은 현대 과학이 규명한 복잡계(complex system) 이론과 접점을 가진다. 기후 체계, 탄소 순환, 극지 생태계와 같은 지구 생태 시스템은 생물학적·물리학적 요소들이 상호작용하여 하나의 기능 단위로 작동한다. 예컨대 북극 해양 생태계의 교란은 기후 변동을 넘어 전 지구적 재난으로 이어질 수 있으며, 이는 해당 생태계가 단순한 자연물의 집합을 넘어 하나의 통합된 실체임을 보여준다.

이러한 논리는 우주 영역에서도 적용 가능하다. 지구 저궤도(Low Earth Orbit, LEO)에는 인공위성, 우주 잔해, 충돌 위험 요소가 서로 얽혀 작동하는 체계가 형성되어 있다. 이 궤도 공간은 개별 물체들의 단순한 집합이 아니라, 상호 의존적이고 통합된 질서로 작동하는 하나의 우주 생태계로 이해될 수 있다. 따라서 우주 궤도 역시 생태계와 유사하게 집합적 실체성을 지니며, 그 자체로 법적 보호의 단위가 될 가능성이 제기된다.

결국, 실재설은 법적 주체성을 인정하는 기준을 사회적 실체에서 출발하여, 생태계와 우주와 같은 현대적 복잡계로 확장할 수 있는 이론적 토대를 제공한다. 이러한 관점에서 생태계나 우주 궤도를 단순한 객체(object)가 아닌 인격적 권리의 주체(subject of rights)로 포섭하는 논의는 법이 공동체적·생태적 실재를 반영하는 방향으로 발전할 수 있음을 시사한다.

우리는 더 이상 단일 기준으로 법의 주체를 정의할 수 없는 시대에 살고 있다. 생태계는 인간에게만 의존하지 않고 스스로 유지되며, AI는 독자적으로 판단하고, 우주는 새로운 법적 책임의 공간이 되고 있다. 전통 법 이론에서 제시된 네 가지 관점—의사설, 목적설, 허구설, 실재설—은 이러한 현실에 다양한 방식으로 응답할 수 있는 틀을 제공한다. 이들 이론은 상호 배타적이 아니라, 다양한 실체에 따라 유연하게 적용될 수 있는 해석의 스펙트럼이다. 결국 생태법학이 추구하는 것은, 인간만이 아니라 모든 존재가 공존하는 세계를 법의 언어로 담아내는 일이다. 그리고 그 핵심은 바로 다원적 법적 인격성의 인정을 통해, 공존의 책임을 제도화하는 것에 있다.

3 법적 주체로서의 자연, AI, 그리고 인격 간 충돌 조정

법적 인격이 인간에게만 부여되는 시대는 지나가고 있다. 우리는 이제 자연, AI, 로봇 등 인간 이외의 존재에게도 일정한 법적 주체성을 부여할 것인지, 그렇다면 그 범위와 책임, 권리를 어떻게 설정할 것인지에 대한 근본적 질문 앞에 서 있다. 더 나아가, 이러한 주체들이 서로 충돌할 경우 어떻게 조정할 수 있을 것인지, 법은 어떤 방식으로 중재자이자 설계자가 될 수 있을지 고민해야 한다.

이 장에서는 자연과 AI를 새로운 법적 인격 주체로 간주하고, 그들이 주장할 수 있는 권리와 부과될 수 있는 의무, 그리고 서로 간 또는 인간과의 이해충돌이 발생할 경우의 조정 메커니즘을 탐색하고자 한다.

(1) 자연의 권리: 복원, 회복, 생존 중심의 법적 구조

자연의 법적 인격이 제도화되면서, 이제 자연은 단지 보호의 대상이 아닌 권리의 주체로 자리 잡고 있다. 대표적인 권리는 다음과 같다:

- 생존권(Right to Exist): 특정 생태계 또는 종(種)은 인간의 행위에 의해 멸종 위기에 처하지 않을 권리를 가진다.
- 회복권(Right to Restoration): 훼손된 강, 숲, 토양은 원상 회복될 권리가 있다. 이는 단순한 피해 보상 개념을 넘어선다.
- 복원권(Right to Regeneration): 자연은 스스로의 생태적 기능을 회복할 수 있는 시간과 공간, 조건을 법적으로 요구할 수 있다. 즉, 인간이 간섭하지 않고 자연 스스로 치유할 기회를 가져야 한다는 뜻이다.

예컨대, 콜롬비아 헌법재판소는 아트라토강에 법적 인격을 부여하면서, 해당 생태계의 회복을 위한 구체적 국가 의무를 명시했다. 이는 단순한 선언적 권리를 넘어 구체적 행정 행위와 예산 배정으로 연결된 실정법적 구현이었다.

(2) AI와 로봇의 권한·책임 구조: 위임과 귀속의 문제

AI나 로봇이 일정 수준의 법적 인격성을 부여받을 경우, 이들은 제한적이나마 법적 행위능력을 갖는 주체로 간주될 수 있다. 이때 법체계는 다음 두 가지 핵심 쟁점에 직면하게 된다:

첫째, 책임의 위임(Delegated Responsibility): 누가 책임을 지는가?
AI가 인간의 지시 없이 자율적으로 판단하고 행동한 경우, 그 행위에 대한 법적 책임은 누구에게 귀속되는가? 예를 들어 자율주행차가 보행자를 치는 경우, 현재는 제조사나 차량 소유자에게 책임이 돌아간다. 그러나 향후 AI가 스스로 위험을 판단하고 우회로를 선택한 결과 사고가 발생했다면, 단순한 제조물 책임(Product Liability)만으로는 충분하지 않다. 이 질문은 단순한 기술적 문제가 아니라 법적 귀속의 본질과 관련되어, 다음의 몇 가지 가능성이 존재한다.

- 개발자: 알고리즘 설계상의 오류나 편향이 문제였다면 책임의 일차 귀속 대상이 될 수 있다.
- 운영자/소유자: AI를 통제하거나 사용하는 자가 일반적으로 책임을 진다.

- AI 자체: AI가 일정 수준의 의사결정 자율성과 예측 불가능성을 갖는다면, 법은 그 자체에게 책임을 '귀속'시키는 방향을 고려할 수 있다.

둘째, 권한의 한계와 규제(Legal Constraints): 어디까지 허용할 것인가?

AI가 법률 행위를 수행할 수 있는 경우, 그 자율성의 범위와 한계를 법적으로 어떻게 설정할 것인지가 또 하나의 중요한 과제다. 예를 들어 알고리즘 주식 거래 시스템이 특정 자산을 대량 매입한 후 시장을 왜곡시켰다면, 이 행위를 사전 프로그램의 한계 내로 볼 것인지, 아니면 예기치 않은 자율적 판단의 결과로 평가할 것인지에 따라 책임 주체가 달라질 수 있다.

- AI가 계약을 체결하거나 자산을 운용하는 경우, 그 행위는 유효한가?
- 사람의 감독 없이 이루어진 판단은 어느 정도까지 법적 효력을 가질 수 있는가?
- AI가 권한을 넘어선 경우(ultra vires), 그 법률 행위의 효과는 어떻게 될 것인가?

(3) 제도적 대응: 유럽연합의 전자 인격 제안

유럽연합은 2017년 유럽의회 보고서에서 '전자 인격' 개념을

제한적으로 도입할 것을 권고했다. 이는 다음과 같은 제도적 장치를 포함한다:

- AI 등록제: 특정 수준 이상의 자율성을 가진 AI는 별도의 법적 주체로 등록되어야 한다는 제안.
- 보증기금 제도: AI 행위로 인한 손해를 배상하기 위한 기금을 운영자나 개발자가 사전에 납부하는 방식.

이러한 제도는 향후 법인(corporation)과 유사한 AI 법적 책임 체계를 설계하는 데 단초가 될 수 있다. 다만, 이 논의는 AI의 자율성 수준, 책임 추적 가능성, 윤리적 판단 능력 등에 따라 다양한 입장이 공존하고 있다.

(4) 충돌 조정의 실제: 인공지능 농업 로봇 vs. 생태계

이제 가장 복잡한 문제는, 두 법적 인격 주체인 자연과 AI 간의 이해 충돌이 발생했을 때 이를 어떻게 조정할 것인가 하는 점이다. 상상해 보자. 한 지역에서 AI 기반 농업 로봇이 농약 살포, 경작, 수확을 자동으로 진행한다. 이 로봇은 토양 데이터, 기후 조건, 작황 예측을 기반으로 알고리즘에 따라 의사결정을 내린다. 그러나 이 AI가 살포한 농약이 인근 습지 생태계에 치명적 피해를 초래했고, 법적 인격을 가진 '○○습지 생태계'가 생존권 침해를 주장하며 대리인을 통해 소송을 제기했다.

이 경우, 법은 다음과 같은 다층적 판단을 요구받게 된다.

- AI의 자율성과 책임 귀속: 이 AI의 판단이 사전에 설정된 프로토콜인가, 아니면 기계학습 결과의 독립 판단인가? 그 책임은 소유자에게 있는가, AI에게 있는가?
- 자연의 권리 보호 우선도: 해당 습지가 람사르(Ramsar) 협약 보호구역이거나, 생물 다양성 핵심 지역(KBA)으로 지정되어 있다면, 법은 자연의 복원권을 우선시할 수 있다.
- 보완적 조정 메커니즘: 갈등을 법원 판결이 아닌 조정위원회, 생태 감시 위원회 등의 다자 구조로 해결하는 모델도 고려될 수 있다.

이러한 조정은 단순히 피해 배상 이상의 의미가 있다. 생태정의(Ecological Justice), 예방 원칙(Precautionary Principle), 지속 가능성 원칙(Sustainability) 등 생태법학의 핵심 원리를 반영하는 새로운 법적 프레임워크가 요구된다.

(5) 생태법학적 조정 원리: 대립 아닌 공존으로

이처럼 자연과 AI는 각각 권리와 기능을 주장할 수 있는 법적 주체로서 인정될 수 있다. 따라서 법은 둘 사이의 관계를 수직적 지배 관계가 아니라, '상호 조정(co-governance)' 또는 '관계적 법질서(relational jurisprudence)'로 재구성해야 한다. 이를 위해 필요한 조정 원리는 다음과 같다. 이러한 방식은 단순히 AI와 자연의 충돌을 막는 것이 아니라, 생명 중심 법체계로 이행하는 과정이기도 하다.

자연과 AI 권리 충돌 조정 원리	
원리	설명
생명 우선 원칙	생명체의 생존과 복원을 AI의 기능 효율성보다 우선시
예방 원칙	회복 불가능한 피해가 예상된다면 AI 행위 제한 가능
생태 수호자 제도	자연의 이익을 대변할 공식 대표(guardian) 제도화
다중 책임 구조	인간, AI, 기업, 정부의 공동 책임 구도 설계
출처: 저자 작성	

자연과 AI가 모두 법적 주체로 자리 잡는 시대는 더 이상 상상이 아니라 실현의 문제다. 법은 이제 누가 말할 수 있는가의 문제가 아니라, 누구의 목소리를 법적으로 들을 것인가, 그리고 그 목소리들이 충돌할 때 어떤 기준과 절차로 조정할 것인가라는 새로운 물음에 응답해야 한다. 생태법학은 이러한 전환의 길잡이다. 그리고 그 핵심은, 법을 인간의 도구에서 생명의 공동 언어로 확장하는 일에 있다.

4 제도적 수용 사례와 입법적 함의

"법은 상상력을 입법으로 구현한 제도이다."

(1) 에콰도르: 헌법 속 자연의 권리

에콰도르는 2008년 헌법을 개정하면서, 세계 최초로 '자연의 권리(Rights of Nature)'를 헌법에 명문화한 국가가 되었다. 이는 인류가 자연을 단순히 보호의 대상으로 보는 관점을 넘어서, 자연 자체를 권리를 가진 법적 주체로 인정한 획기적인 사건이었다. 헌법 제71조는 다음과 같이 규정한다. "자연, 즉 파차마마(Pachamama, 안데스 전통에서 어머니 대지를 의미하는 개념)는 존재하고 유지되며 재생될 권리를 가진다." 이 조항은 자연의 권리를 단순한 선언적 가치가 아니라 법적 권리로 보장하며, 나아가 모든 시민이 자연의 권리를 침해받았다고 판단될 때 법원에 소송을 제기할 수 있도록 허용한다. 다시 말해, 자연이 스스로 법정에 서지는 못하더라도, 시민이나 단체가 그 대리인이 되어 자연을 대신해 권리를 주장할 수 있는 길이 열린 것이다.

이 헌법 규정은 실제 사건에서 강력한 법적 효력을 발휘했다. 2021년 에콰도르 헌법재판소는 로스 세드로스 지역의 광산 개발을 중단하라는 판결을 내렸다. 법원은 해당 개발이 지역 생태계의 존속과 재생 가능성을 심각하게 위협하며, 이는 헌법이 보장한 자연의 권리를 직접 침해하는 행위라고 판단했다.

이 판결은 두 가지 중요한 의미를 지닌다. 첫째, 자연의 권리가 단순한 헌법적 장식 조항에 머무르지 않고, 실질적인 권리 보호 수단으로 작동할 수 있음을 보여주었다. 둘째, 법원이 자연의 권리를 인정하면서 국가와 기업의 개발 행위에 대해 구체적 행정 조치와 예산 집행 의무까지 부과했다는 점에서, 국제적으로도 새로운 법적 전환점을 마련했다.

(2) 뉴질랜드: 원주민 법과의 통합

2017년 뉴질랜드는 마오리족의 전통을 존중하여 황가누이강에 법적 인격을 부여했다. '강은 살아 있는 조상이며, 인간과 조화를 이루며 살아야 하는 존재'라는 마오리의 법문화가 인정된 것이다. 법적 결과로 강은 법적 권리 주체로서 보호되며, 정부와 마오리족 공동 대표가 강의 '법적 수호자'가 되었다. 이 사례는 법적 다원주의와 생태적 권리 보호가 결합된 제도 설계의 선례로 평가된다.

(3) 콜롬비아: 헌법재판소의 생명 공동체 관점

콜롬비아 헌법재판소는 2016년 아트라토강에 법적 인격을 인정하고, 해당 지역 원주민 공동체가 강의 생명권을 수호하는 공동 관리 시스템을 도입하도록 판시했다. 이후 2022년에는 아마존 열대우림 자체를 생명 공동체로 선언하며, 중앙정부에 복원 계획 수립을 명령했다. 이는 인간과 자연을 연결된 존재로 본 '연결 인격 모델'을 제도화한 대표적 사례다.

(4) 유럽연합: AI에 대한 제도적 논의

유럽의회는 2017년 '전자 인격'이라는 개념을 처음 도입하며, 고도 자율성을 가진 AI에 대해 특정 법적 책임 주체로서의 제도화 가능성을 열어두었다. 2024년에는 〈인공지능 법(AI Act)〉이 통과되어, 특정 고위험 AI 시스템에 대한 등록, 감독, 책임 귀속 체계를 도입했다.[9] 이러한 논의는 아직 전면적인 법인격 부여까지는 아니지만, AI의 행위에 대한 법적 추궁과 규율 필요성을 제도화하고 있다는 점에서 중요한 이정표이다.

(5) 입법적 함의: 인격의 제도화와 제도 설계 방향

위의 사례들은 생태법학의 이론들이 실제 입법과 정책으로 실현될 수 있음을 보여준다. 여기서 도출할 수 있는 입법적 함의는 다음과 같다.

첫째, 법적 인격은 제도적 허구이자 정치적 선택이다

---

9) 유럽연합 〈인공지능 법(EU Artificial Intelligence Act)〉은 AI의 개발 및 사용을 규제하기 위한 세계 최초의 AI 규제 법안으로, AI 기술을 위험도에 따라 분류하여 규제한다. 2024년 3월 유럽의회 통과 및 2024년 8월 발효되었고, 2026년 8월부터 전면 시행될 예정이다. https://www.europarl.europa.eu/topics/en/article/20230601STO93804/eu-ai-act-first-regulation-on-artificial-intelligence

법적 인격은 자연인에게만 부여되는 '자연권'이 아니다. 기업, 종교 단체, 협동조합, 심지어 국가조차 법적 인격을 갖는다. 인격은 실재가 아니라 법이 구성한 제도적 허구이며, 이는 공동체가 '누구에게 권리를 줄 것인가'라는 정치적 결정에 따라 달라진다. 입법자는 자연, AI, 생태계 단위(강, 숲, 산호초 등)에 대해 인격을 구성할 권한과 책임을 동시에 가진다.

둘째, 생태 수호자 제도(guardianship)의 법제화.

자연은 스스로 말할 수 없기 때문에, 자연의 권리를 대리해 소송을 제기하거나 정책을 감시할 수 있는 제3자(시민, NGO, 정부 기관)의 제도적 지위가 중요하다. 이는 '공익 소송'이 아니라, 권리 주체로서 자연의 이익을 직접 대변하는 제도로 정비되어야 한다. 입법자는 법적 인격을 가진 자연에 대한 법정 대리인 등록 제도, 책임 보고 의무, 예산 지원 방안 등을 마련할 수 있다.

셋째, AI 및 로봇에 대한 제한적 인격 부여와 보증 구조.

AI에 대해 전면적 법인격을 부여하는 것은 신중해야 하지만, 고위험 AI에 대해서는 특정한 법적 행위능력과 함께 책임 귀속 구조를 설계하는 것이 필요하다. 이를 위해 다음이 논의될 수 있을 것이다. 이는 AI에 대한 제도적 경계를 설정하면서, 법의 공백을 메우는 역할을 할 수 있다.

- AI 등록제 및 보험 가입 의무.

- 개발자·소유자·AI 간의 삼자 책임 구조 모델.
- AI 대리인의 지정과 통제권 설계.

넷째, 다중 인격 공존을 위한 법적 조정 메커니즘 마련.

앞서 보았듯이, 자연과 AI가 각각 법적 인격을 가진다면, 이들이 상충할 경우를 대비한 갈등 조정 장치도 필요하다. 예를 들어:

- AI가 농업 생산성을 높이지만 자연 생태계를 침해할 경우.
- 자연의 회복권과 AI의 작동권(권한)이 충돌할 경우.

중립적 판단 기관, 생태윤리 기준, 우선순위 원칙 등을 명문화하는 방식의 입법이 필요하다. 이는 법적 다원주의와 생태정의의 실천적 장치로 작동할 수 있을 것이다.

(6) 한국의 적용 가능성과 과제

한국은 아직 자연의 법인격이나 AI 인격 논의에서 제도화 단계에는 이르지 못했다. 하지만 다음과 같은 흐름은 제도 도입의 가능성을 보여준다:

- 헌법 제35조의 환경권 조항, 대법원의 환경 단체 원고 적격 확대 판례.
- 산림청, 해양수산부 등 생태계 회복 프로젝트의 확산.

- AI 윤리 가이드라인과 과학기술정보통신부의 AI 법제 연구 착수.

이러한 현실을 고려할 때, 한국에서도 ① 자연의 수호자 제도 도입, ② AI 법제의 인격 가능성 검토, ③ 환경/기술 융합 거버넌스 설계가 순차적으로 이루어질 필요가 있다.

법적 인격 부여는 단순한 법 개념의 확장이 아니라, 법이 사회의 가치와 윤리를 반영하는 방식의 전환이다. 인간 중심에서 생명 중심으로, 기계적 책임 구조에서 관계적 정의로 나아가는 법의 변화는 이제 피할 수 없는 과제다. 우리가 자연과 AI에 법적 지위를 부여할 수 있는가의 질문은 결국, 우리가 어떤 공동체를 만들고 싶은가에 대한 윤리적 선택을 반영한다. 그리고 이 선택은 입법이라는 제도적 언어를 통해 구체화되어야 한다.

오늘날 법의 지평은 인간과 법인을 넘어 자연, AI, 우주 생태계와 같은 새로운 실체로 확장되고 있다. 이러한 다원적 인격 주체들은 각각 고유한 방식으로 법적 지위를 요청하고 있으며, 이미 에콰도르 헌법, 뉴질랜드의 강·숲 법안, 콜롬비아와 인도의 판결, 유럽연합의 〈인공지능 법〉 등 다양한 제도적 수용이 진행 중이다.

자연의 법적 인격은 그 자체로 존재권·복원권·소송권을 포함하며, 그 권리를 실현하기 위해 정부는 수호자(수탁자, trustee)로서, 기업은 복원과 예방의 책임 주체로서 법적 의무를 지게 된다. 이는 더 이상 윤리적 요청이나 선언에 머물지 않고, 헌법, 법률, 조약, 판례 등을 통해 실정법으로 구체화되고 있다.

또한, AI가 자율성과 판단력을 갖춘 경우, 기존 법인과 유사한 책임 위임 모델 또는 목적 기반 인격 모델로 법적 구조를 설계할 수 있으며, 우주 환경과 같은 물리적 실재도 국제법의 틀 안에서 보호 주체로 재정의될 수 있다.

결국, 이러한 다원적 인격성의 제도화는 기존의 권리-의무 이원 구조에서 생태적 상호성과 공동체적 책임성으로의 전환을 요구한다. 다음 장에서는 이러한 요구를 반영하여, 법의 근본 패러다임 자체가 어떻게 변화하고 있으며, 그 변화가 생태법학에서 어떤 의미가 있는지를 살펴볼 것이다.

제3부

생태법학의 법체계 적용

제6장
법 패러다임의 전환:
생태법학의 구조적 도전과 확장

1 생태법학과 환경법: 규범 패러다임의 차이

오늘날의 법질서는 대부분 인간 중심의 철학에 뿌리를 두고 있다. 환경을 법의 대상으로 처음 다룬 것도 주로 인간의 건강과 생존을 위협하는 오염 방지를 위한 것이었으며, 환경법은 이 같은 인식에 기초해 발전해 왔다. 그러나 지구 생태계의 위기가 더 이상 국지적 문제를 넘어서 지속 가능한 문명의 존립 자체를 위협하는 국면에 이르면서, 법체계의 근본적 전환을 요구하는 흐름이 나타났다. 바로 생태법학이 그 대표적 흐름이다.

(1) 환경법: 인간 보호를 위한 자연 관리

전통적인 환경법은 대체로 다음과 같은 전제에 기초한다:

- 자연은 법의 주체(subject)가 아니라, 법의 객체(object)이다.
- 자연은 인간이 생존하고 이용해야 할 자원이며, 보호의 대상이지 권리의 주체는 아니다.
- 법의 목적은 오염과 남용을 규제하고, 피해를 복구하며, 개발과 보전 사이를 조율할 수 있게 하는 것이다.

예컨대, 1972년 〈스톡홀름 선언〉과 1992년 〈리우 선언〉 등 국제 환경법의 초기 형성 과정은 대부분 '지속 가능한 개발(sustainable development)'이라는 개념을 중심에 두고 있다. 이 개념 자체가 환경 보호와 경제 성장을 조화시키려는 인간 중심적 균형론의 산물이다.

(2) 생태법학: 존재론적 전환을 요구하는 법학

생태법학은 이러한 환경법의 한계를 넘어서려는 규범적·철학적 도전이다. 그 핵심은 다음과 같다.

- 자연은 인간과 대등한 법적 주체로서 권리를 가진 존재이다.
- 자연의 권리는 인간 중심적 '이용 가치'가 아니라, 존재 자체의

존엄성에 기초한다.
- 법의 구조는 인간의 권리 행사와 소유 보호를 넘어, 생명 공동체 전체의 지속 가능성을 중심에 두어야 한다.

이러한 관점은 환경 보호를 법의 '외곽'에서 다루는 것이 아니라, 법 자체의 정의 개념을 재정의하려는 시도다.

(3) 법적 구조와 철학의 차이

환경법과 생태법학은 외형적으로 유사한 목표를 가질 수 있으나, 법 이론의 구조, 권리 개념, 주체의 범위, 제도적 적용 방식에서 다음과 같은 차이를 보인다.

환경법과 생태법학		
항목	전통 환경법	생태법학
법의 기초 철학	인간 중심주의 (Anthropocentrism)	생태 중심주의 (Ecocentrism)
법의 대상	자연은 보호 또는 관리 대상	자연은 권리를 가진 주체
권리 주체	인간과 법인	인간, 법인, 자연, AI 등 다원적 주체
책임 구조	오염자 부담 원칙, 국가의 환경 규제	생태계 보전 의무, 수호자 제도(trusteeship) 등
윤리 기반	인간 세대 간 형평성과 자원 이용의 효율성	상호 의존성, 상호 책임, 생명 공동체의 조화
출처: 저자 작성		

(4) 사례 비교: 규제 중심과 권리 중심의 법 모델

한국의 〈자연환경보전법〉은 국토의 생태계 보전을 규율하면서도, 환경영향평가, 보전 지역 지정, 오염 방지 기준 설정 등을 주요 수단으로 삼는다. 이는 국가가 자연을 관리하는 행정 규제 모델이다. 반면, 에콰도르 헌법 제71-74조는 자연, 즉 파차마마(Pachamama)는 존재하고 유지되며 재생될 권리를 가진다고 규정하며, 누구든 이를 대리해 소송을 제기할 수 있는 권한을 부여한다. 뉴질랜드에서는 황가누이강을 법적 인격체로 선언하고, 마오리족의 대표와 정부가 공동으로 강의 권리를 수호하도록 한 것은 생태적 공동 거버넌스 모델의 실례이다.

(5) 규범 패러다임의 전환

생태법학이 제기하는 변화는 단순히 환경 규제를 강화하자는 차원이 아니다. 그것은 법학의 근본 전제, 즉 '법이 무엇을 위해 존재하는가'라는 질문 자체를 새롭게 쓰려는 시도다. 다시 말해, 생태법학은 기존의 인간 중심적 법질서를 넘어, 법의 존재론과 규범 체계를 전면적으로 재구성하려는 철학적 전환이다. 이 전환은 다음과 같은 근본적인 물음을 던진다.

- 법의 중심은 과연 인간만이어야 하는가?
- 권리의 주체는 어디까지 확장될 수 있는가?

- 책임과 의무는 인간 사회 내부에서만 논의되어야 하는가, 아니면 생태계 전체로 확장되어야 하는가?
- 그리고 법은 자연, 기술, 인간 사이의 관계를 어떤 방식으로 조율해야 하는가?

이 질문들은 더 이상 추상적인 철학 논의에 머물지 않는다. 오늘날 인공지능, 로봇, 디지털 생명체, 우주 생태계와 같은 새로운 존재들이 법적 주체로 등장할 가능성이 현실화되면서, 법은 이전과는 전혀 다른 윤리적·규범적 과제에 직면하고 있다.

결국 생태법학이 지향하는 것은 '환경을 보호하는 법'이 아니라, 다양한 존재가 함께 살아가는 세계를 위한 법, 즉 다원적 법적 주체성을 포용하는 새로운 법 이론의 구축이다. 이러한 패러다임의 전환은 법이 단순히 인간 사회를 관리하는 규칙이 아니라, 생명과 기술, 자연이 공존하는 시대의 질서를 설계하는 언어가 되어야 함을 보여준다.

2 생태 중심적 법 해석과 판결: 자연 권리와 동물 권리의 인정 기준

생태법학이 제시하는 새로운 법적 패러다임은 이론적 선언에 그치지 않는다. 이미 여러 국가의 법원과 헌법재판소는 '자연'과 '비인간 존재'의 권리를 구체적으로 인정하는 판결을 내리기 시작했다. 이러한 사법적 전환은 법이 인간 사회의 질서를 넘어, 생명 공동체 전체의 조화로운 질서를 지향할 수 있음을 보여준다.

본 절에서는 필자의 두 편의 비교법적 연구를 바탕으로, 법원이 실제로 어떠한 기준에 따라 자연과 동물에게 법적 주체성을 인정했는지 살펴보고자 한다. 첫째는 자연의 권리 인정 기준에 관한 판례 비교이고, 둘째는 동물의 법적 주체성에 대한 비교법적 접근이다.

(1) 자연의 권리 인정 기준: 에콰도르와 콜롬비아의 판례[1]

자연의 권리를 인정한 사법적 판결은 단순한 환경 보호 선언을 넘어, 법이 '누구를 위해 존재하는가'라는 근본적인 질문에 대한 새로운 답변이다. 에콰도르와 콜롬비아의 헌법재판소는 각각의 사회·문화적 맥락 속에서, 인간의 권리를 넘어 자연 자체의 권리를 인정함으로써 법의 주체 개념을 근본적으로 확장했다.

필자의 연구에 따르면, 두 국가의 판례는 공통적으로 세 가지 기준을 중심으로 자연의 법적 권리성을 구성한다.

첫째, 자연의 내재적 가치(intrinsic value)를 인정한다는 점이다. 이는 자연이 인간의 이용 대상이 아니라, 그 자체로 존중받아야 하는 존재라는 관점에서 출발한다. 에콰도르 헌법재판소는

---

[1] 조희문, 「자연 권리 인정기준에 관한 비교법적 연구: 에콰도르 Los Cedros 사건과 콜롬비아 Atrato 사건을 중심으로」,《외법논집》49(2), 2025, 145-174쪽.

2021년 로스 세드로스 사건에서 "자연은 단순히 인간 복지를 위한 수단이 아니라, 스스로의 존재를 유지할 권리를 가진 주체"라고 판시했다. 이러한 관점은 인간 중심적 공리주의를 넘어, '자연의 자기 보존권(right to exist and regenerate)'을 헌법적 가치로 승화시킨 것이다.

둘째, 생태계의 상호 의존성(interdependence)이 법적 판단의 핵심 근거로 작용했다. 콜롬비아 헌법재판소는 아트라토강 사건에서 강을 "인간 공동체의 생명을 지탱하는 살아 있는 존재(living entity)"로 정의하고, 강의 파괴가 인간 공동체의 권리 침해로 이어진다고 보았다. 이는 인간의 권리와 자연의 권리가 대립하는 관계가 아니라, 상호 보완적이고 순환적인 관계임을 전제로 한다. 법원은 "생태계의 균형은 인간의 권리 보호의 전제"라고 명시하며, 생태계 보전의 의무를 국가와 사회 공동의 책임으로 확장했다.

셋째, 사전 예방 원칙의 적용을 통해 자연의 권리를 실질적으로 보호할 수 있는 절차적 틀을 제시했다. 두 나라의 헌법재판소는 "돌이킬 수 없는 생태적 피해의 위험이 존재할 경우, 과학적 불확실성에도 불구하고 사전적으로 보호 조치를 취해야 한다"고 판시했다. 즉, 개발 사업이 생태계에 미치는 영향을 완전히 입증하지 못하더라도, 자연의 권리를 우선 고려해야 한다는 것이다. 이는 기존의 '피해 발생 후 구제' 중심의 환경법에서 '사전 예방적 보호'로 법 패러다임을 이동시킨 결정적 전환이었다.

에콰도르와 콜롬비아의 사례는 이러한 원칙들을 통해 법의 중심축을 인간에서 생명 전체로 이동시키는 사법적 실험이었다. 이들 국가에서는 헌법이 자연의 권리를 선언하는 데 그치지 않고, 법원이 이를 구체적으로 집행 가능한 법적 의무로 전환시켰다는 점에서 큰 의미를 지닌다. 예를 들어, 로스 세드로스 판결에서는 정부가 광산 허가를 취소하도록 명령했으며, 아트라토강 판결에서는 '강의 수호자(guardian of the river)' 제도를 도입하여 공동체와 행정기관이 함께 강의 회복 계획을 실행하도록 했다.

이러한 판례들은 생태법학이 말하는 '법적 주체성의 확장'이 추상적 이상이 아니라, 실제로 법정에서 작동할 수 있음을 입증했다. 자연은 더 이상 '법적 객체'가 아니라, '권리를 가지는 주체'로서 법의 언어 안에 들어왔다. 이 사법적 전환은 결국 법의 존재론적 기반을 새롭게 정립하는 실험이었다. 법의 정당성이 인간 사회의 합의에서 비롯되는 것이 아니라, 지구 생명계의 질서와 조화에서 발생한다는 새로운 관점이 등장한 것이다. 필자가 제시한 분석에 따르면, 이러한 판례들은 '생명 공동체의 구성원으로서 자연의 지위를 헌법적으로 승인한 최초의 실증적 구현'으로 평가할 수 있다.

결국 에콰도르와 콜롬비아의 사법적 경험은 생태법학이 단순한 이론이 아니라, 새로운 법질서의 실험실이라는 사실을 보여준다. 이들의 판례는 우리에게 한 가지 질문을 남긴다. "자연이 인간의 법정에 선다면, 법은 누구의 언어로 말해야 하는가?" 그 질문에 대한 해답을 찾는 과정이 바로 생태법학의 진정한 여정이다.

(2) 동물의 법적 주체성과 권리의 기준: 인간법학을 넘어선 법적 전환[2]

동물의 법적 지위를 둘러싼 논의는 생태법학이 제기하는 '법적 주체의 확장'이 실제로 어디까지 가능한가를 묻는 구체적 실험이다. 동물이 단순한 인간의 소유물이 아니라, 고유한 감정과 의지를 지닌 생명체로서 법적 보호의 주체가 될 수 있는가라는 질문은, 인간 중심의 법철학이 처음으로 스스로의 경계를 시험받는 지점이기도 하다.

필자의 연구는 여러 국가의 입법과 판례를 비교·분석하여, 법원이 동물의 권리와 주체성을 인정할 때 어떠한 법리적 기준을 적용했는지를 체계적으로 정리했다. 특히 에콰도르, 콜롬비아, 아르헨티나, 브라질 등의 사례는 동물의 법적 지위를 사유재산에서 법적 인격의 경계로 이동시키는 중요한 단초를 제공했다.

첫째, 감정 능력(sentience)의 인정이 동물의 법적 주체성을 구성하는 핵심적 기준으로 작용했다. 이는 단순한 생명 존재 여부가 아니라, 고통과 쾌락을 느끼는 능력, 즉 감응할 수 있는 존재로서의 법적 가치에 주목한 것이다.

둘째, 헌법적 가치의 해석 확장을 통해 동물의 권리가 인권의 하위 개념이 아닌, 별개의 법적 영역으로 자리 잡고 있음을 보여준다.

---

[2] 조희문, 「동물의 법적 주체성에 관한 비교법적 연구: 라틴아메리카 판례 분석과 한국에의 시사점」, 《강원법학》, 79, 279-318쪽.

셋째, 법적 주체성(legal personhood)의 인정 여부를 판단하는 실질적 기준이 등장하고 있다. 콜롬비아 헌법재판소는 2017년 추초곰(Bear Chucho) 사건에서 안데스곰 추초의 법적 주체성을 청구한 소송을 심리하면서, 비록 최종적으로는 기각했지만, 소수 의견에서 "동물이 인간과 동일한 법적 인격을 가질 필요는 없으나, 특정 상황에서는 그 고유한 생명 이익을 대표할 절차적 주체성을 인정할 수 있다"고 밝혔다.

이 논리는 '완전한 인격(personhood)'이 아니라, 상황적 주체성(contextual subjecthood) 개념을 도입함으로써, 인간·동물·자연 간의 권리 구조를 연속적 스펙트럼으로 파악하는 새로운 법적 접근을 제시했다. 이러한 입법과 판례의 흐름은 동물의 법적 지위를 단순한 보호 대상에서 자기 이익(self-interest)을 가진 존재로 전환시키는 결정적 전환점이었다. 법이 더 이상 '인간이 동물을 어떻게 다루어야 하는가'를 규율하는 수준에 머무르지 않고, '동물이 스스로 보호받을 권리가 있는가'라는 주체적 질문으로 나아가기 시작한 것이다.

결국 동물의 법적 주체성 논의는 법적 인격의 개념 자체를 다시 쓰는 시도이다. 법인격은 더 이상 인간만의 특권이 아니라, '관계 속에서 형성되는 지위(relational status)'로 이해된다. 즉, 인간이 아니라도, 관계적·윤리적·생태적 이유로 법적 주체가 될 수 있다는 가능성을 열어둔 것이다. 이러한 인식은 '인간이 만든 법'이 아니라 '생명 공동체가 함께 구성하는 법'이라는 생태법학의 기본 사상과 궤를 같이한다. 필자의 연구는 이러한 국제적 사례를 종합하여, 동물의 법적 주체성을 판단하는 세 가지 기준을 제시했다.

- 고통과 쾌락을 느낄 수 있는 감응 능력(sentience),
- 생태계 내에서 수행하는 고유한 기능(ecological function),
- 인간과의 관계 속에서 형성되는 윤리적 지위(relational ethics)
이다.

이 기준은 법이 인간 중심의 이성주의를 넘어, 생명 중심의 윤리로 이행하기 위한 구체적 출발점이 된다. 이와 같은 사법적·입법적 흐름은 동물이 더 이상 법의 객체로만 존재하지 않음을 보여준다. 그들은 인간과 자연의 경계에 서서, 법이 무엇을 보호하고 누구를 대표해야 하는지 묻는 새로운 거울이 되었다. 따라서 동물의 법적 주체성 논의는 생태법학의 이론적 기초를 실질적 법 현실 속으로 끌어내린 '포스트휴먼 법학(post-human jurisprudence)'의 실험장이라 할 수 있다.

(3) 법원이 제시한 새로운 규범적 기준

이상의 판례들은 서로 다른 국가의 제도와 문화적 배경에도 불구하고, 공통된 규범적 전환을 보여준다. 첫째, 법은 '인간 중심적 이익'에서 '생명 중심적 가치'로 이동하고 있다. 둘째, 권리의 주체는 인간에서 '자연·동물·생태계 전체'로 확장되고 있다. 셋째, 법적 판단의 기준이 '피해와 이익의 계산'이 아니라 '존재의 가치와 생태적 균형'으로 변화하고 있다.

이 변화는 생태법학이 단지 이론적 이상이 아니라, 이미 법원의 판결을 통해 제도화되고 있음을 보여준다. 법은 점차 생명 공동체 전체의 조화와 순환을 보장하는 '생명의 언어'로 진화하고 있으며, 그 첫걸음은 자연과 동물의 법적 주체성 인정에서 시작되고 있다.

"법은 인간을 위한 언어가 아니라, 생명을 위한 언어여야 한다."

이 명제는 더 이상 철학적 선언이 아니라, 세계 곳곳의 법원이 실천으로 옮기고 있는 새로운 법질서의 출발점이다.

(4) AI와 생태 충돌: AI 농업 드론과 생태계 침해 판례의 부상

최근에는 AI와 로봇 기술이 발전하면서, 이들이 생태계를 직접적으로 침해하는 문제가 새롭게 떠오르고 있다. 그 대표적 예가 AI 기반 농업 드론이다. 농업 현장에서 드론은 자율적으로 작동하며 넓은 지역에 화학 비료나 농약을 살포할 수 있는데, 이 과정에서 곤충의 서식지나 생태계를 무분별하게 파괴하는 사례가 발생하고 있다.

유럽연합에서는 실제로 이러한 행위가 환경법(EU Environmental Law)뿐만 아니라, 제조물의 안전성과 결함 책임을 규율하는 제품 책임 지침(Product Liability Directive) 위반 문제로 다뤄지고 있다. 즉, 단순히 농업 기술의 혁신 문제가 아니라, AI의 사용이 곧 법적 분쟁의 원인이 되는 사례가 등장한 것이다.

여기서 중요한 점은, 현재 AI 자체가 독립적인 법적 인격을 가진 주체는 아니라는 사실이다. 그러나 AI가 점차 자율성을 확대하고, 인간의 직접적 통제를 벗어나 행동하는 범위가 늘어나면서, 기존의 법적 책임 구조가 더 이상 충분하지 않다는 문제가 드러난다. 이 때문에 'AI가 야기한 생태 침해에 대한 책임을 누구에게 물을 것인가?'라는 질문이 제기된다. 이는 제조업체, 운영자, 사용자를 넘어 새로운 법적 책임 모델의 필요성을 보여준다.

따라서 AI와 자연이 충돌하는 사건들은 앞으로 단순한 기술 문제가 아니라, 법이 어떻게 AI와 생태계를 동시에 고려할 것인가라는 해석의 출발점이 된다. 다시 말해, AI 기술의 발전이 환경법·제품책임법·국제법에 걸쳐 새로운 해석 원칙과 제도 설계를 요구하는 전제 조건이 되는 것이다.

(5) 판례의 흐름이 주는 법학적 함의

위와 같은 판례들은 공통적으로 다음과 같은 함의를 제시한다.

- 자연은 더 이상 침묵하는 객체가 아니다. 인간의 법제도를 통해 권리 주체로 자리 잡고 있다.
- 법원은 점차적으로 생태 중심적 해석의 필요성을 인정하며, 법의 정의 개념을 확장하고 있다.
- 법적 인격의 기준은 고정된 것이 아니며, 사회적·생태적 필요

에 따라 재구성 가능하다는 점이 입증되고 있다.

생태 중심의 법 해석은 더 이상 이론이 아닌 사법적 실천의 영역으로 진입하고 있다. 콜롬비아, 뉴질랜드, 인도 등의 사례는 법원이 자연을 주체로 인정하고, 기존의 권리-의무 관계를 생명 중심적 방식으로 재구성할 수 있다는 가능성을 보여준다. 이는 생태법학의 현실적 정당성을 강화하며, 법적 패러다임 전환의 길을 열어주는 실질적 실험장으로 작용한다.

3 국제법과 생태법학의 실천

(1) 기후 거버넌스의 법적 전환

21세기 초, 국제 사회는 기후위기와 생물 다양성 붕괴라는 전 지구적 문제에 직면했다. 이러한 환경위기는 더 이상 특정 지역의 환경 문제나 기술적 대응의 문제가 아니라, 인류 문명 전체의 생존 문제로 인식되기 시작했다. 기존의 환경법적 접근이 오염 방지나 자원 관리 중심의 사후적 대응에 머물렀다면, 오늘날의 생태적 거버넌스는 생명 공동체의 지속 가능성을 법적 원리로 내세우며 법체계 전반의 변화를 요구하고 있다.

국제법 차원에서도 이러한 흐름은 명확히 드러난다. 1972년 〈스톡홀름 선언〉과 1992년 〈리우 선언〉은 환경과 개발의 조화를 강조했지만, 그 법적 구속력은 제한적이었다. 그러나 2015년 〈파리협정(Paris Agreement)〉은 기후변화를 '인류 전체 공동의 관심사(common concern of humankind)'로 규정하며, 각국의 의무를 구속력 있는 형태로 발전시켰다. 이때부터 환경법은 단순한 기술적 분야가 아니라, 국제인권법·경제법·개발법을 통합하는 새로운 법질서의 축으로 기능하기 시작했다. 이 과정에서 생태법학은 국제법의 새로운 해석 틀로 등장하게 되었다.

생태법학은 국제법이 더 이상 국가 중심의 질서 유지만을 목표로 할 수 없음을 지적한다. 기후변화나 생물 다양성 붕괴는 국가의 주권 경계를 초월한 문제이며, 법의 기본 단위를 인간 사회의 이해관계가 아니라 지구 시스템(Earth System) 전체의 안정성으로 확장해야 한다는 것이다. 즉, 국제법의 주체를 국가에서 지구로 확장하는 패러다임 전환이 생태법학의 출발점이라 할 수 있다.

(2) 유엔 체계와 생태법적 책임 원칙의 확립

유엔은 1980년대 이후 지속적으로 환경과 인권의 관계를 강조해 왔다. 특히 〈세계자연헌장(World Charter for Nature)〉(1982)은 "자연은 그 자체로 존중받아야 하며, 인간은 자연과의 조화 속에서 존재해야 한다"고 명시했다.[3] 이 헌장은 비록 권고적 문서이지만,

---

3) United Nations General Assembly, World Charter for Nature, A/RES/37/7, 1982.

이후 국제 환경법의 기본 원칙, 예컨대 사전 예방 원칙(Precautionary Principle)과 통합적 책임 원칙(Integrated Responsibility)의 이론적 기초를 제공했다. 1992년 리우 회의에서 채택된 〈리우 선언〉은 제15원칙에서 "심각하거나 돌이킬 수 없는 손해의 위협이 있을 때, 과학적 불확실성을 이유로 예방 조치를 미루어서는 안 된다"고 규정하여 사전 예방 원칙을 국제법의 기본 규범으로 자리매김시켰다. 이는 단순한 환경 보호의 기술적 원칙이 아니라, 생태계의 불가역적 손상을 방지하기 위한 법적 명령으로 해석되어야 한다.

한편, 유엔총회는 2019년부터 매년 「자연과의 조화(Harmony with Nature) 보고서」를 통해 국제법의 생태적 전환을 촉구하고 있다.[4] 보고서는 생태법학을 법이 자연의 질서와 조화롭게 작동하도록 재설계하는 학문으로 정의하며, 국가들이 헌법이나 법률을 통해 '자연의 권리'를 인정하는 제도적 시도를 소개한다. 이처럼 국제기구 차원에서 생태법학적 인식이 확산되면서, 국제 사법 기관 또한 점차 생태적 정의를 재판의 기준으로 받아들이는 단계로 나아가고 있다.

(3) 국제 사법 기관의 역할과 생태법학의 실천

생태법학이 현실에서 구현되는 주요 통로는 국제 사법 기관의

---

4) United Nations General Assembly, Harmony with Nature: Report of the Secretary-General, A/74/236, 2019, pp. 122-131.

판결과 권고적 의견이다. 국제사법재판소(ICJ), 국제형사재판소(ICC), 유럽인권재판소(ECHR), 미주인권재판소(IACtHR) 등은 모두 다양한 형태로 생태적 관점을 법리에 반영하고 있다.

가장 주목되는 흐름은 국제사법재판소의 기후변화 권고적 의견(Advisory Opinion on Climate Change)이다. 국제사법재판소는 2025년 7월 23일, 역사적인 권고적 의견을 발표했다. 이 사건은 바누아투(Vanuatu)를 비롯한 18개 도서국이 주도하여 유엔총회 결의 A/RES/77/276(2023)에 근거해 제기한 것으로, 기후변화에 대한 국가의 국제법상 의무와 미래 세대의 권리 보장에 관한 해석을 요청한 것이었다.[5] 국제사법재판소는 이 의견에서 기후변화 대응은 단순한 정책적 선택이 아니라, 국제법상 명시된 국가의 법적 의무임을 분명히 했다. 특히 다음 세 가지 핵심 원칙이 강조되었다.

첫째, 사전 예방 의무(Precautionary Principle)와 주의 의무(Due Diligence): 국가는 자국의 활동이 타국 또는 전 지구적 환경에 중대한 피해를 초래할 가능성이 있는 경우, 사전에 예방적 조치를 취해야 하며, 피해 발생을 방지할 적극적 주의 의무를 부담한다.[6]

둘째, 세대 간 정의(Intergenerational Equity): 기후변화의 피해가 미래 세대의 생존을 위협하는 점을 들어, 국제사법재판소는 미래 세대의 권리를 비록 현재 실체적 법인격으로 인정하지는 않더라도,

---

5) UN General Assembly, Request for an Advisory Opinion of the International Court of Justice on the Obligations of States in respect of Climate Change, A/RES/77/276(29 March 2023).
6) ICJ, Advisory Opinion on Climate Change, 23 July 2025, paras. 97-105.

현세대의 국제법상 의무를 통해 간접적으로 보호되어야 하는 권리로 해석했다.[7]

셋째, 인권과 기후변화의 결합: 기후위기로 인한 생명권·건강권·문화권의 침해는 곧 국제 인권법상 위반이 될 수 있으며, 국가는 자국 내외에서 이러한 인권 침해를 방지할 적극적 조치를 취할 책임이 있다.[8]

이 권고적 의견은 국제사법재판소가 기후 문제를 '법의 언어로 정의한 최초의 시도'라는 점에서 역사적 의미가 있다. 국제사법재판소는 기후변화 대응을 단지 환경 정책의 문제가 아니라, 국제법의 기본 원칙과 인권 보호의 문제로 확장했다. 이는 생태법학이 주장해 온 '지구 생명 공동체의 법적 보호'라는 사유를 국제법적 담론 속에 제도적으로 끌어들인 전환점으로 평가해야 한다.

국가들이 기후변화 대응 의무를 다하지 않을 경우 미래 세대 및 비인간 생명체의 권리를 침해하는지를 판단하는 데 중요한 기준을 제시한다. 국제사법재판소의 이 권고적 의견은 생태법학적으로 세 가지 중요한 의미가 있다. 첫째, 기후위기를 인권 문제이자 법적 책임의 문제로 재정의한다는 점이다. 둘째, 미래 세대와 비인간 존재의 법적 이해관계를 고려하는 새로운 주체성 패러다임을 제시한다는 점이다. 셋째, 국제법의 근본 원리인 주권 평등, 비간섭, 국가 책임을 생태적 한계 내에서 재해석하는 계기가 된다

---

7) Ibid., paras. 122-135.
8) Ibid., paras. 140-155.

는 점이다.

이미 유럽인권재판소는 2024년 4월 스위스 기후 시니어 여성 단체가 스위스 정부를 상대로 한 소송(KlimaSeniorinnen v. Switzerland 소송)에서 기후위기를 '생존권 침해'로 인정하며, 국가가 기후 정책을 수립할 때 미래 세대를 고려할 의무가 있음을 명확히 했다.[9] 이 판결은 생태법학이 인권법의 새로운 해석 틀로 자리 잡고 있음을 보여주는 대표적 사례이다.

국제사법재판소의 권고적 의견은 미주인권재판소의 선례를 이어받은 결과이기도 하다. 2017년 미주인권재판소는 권고적 의견 OC-23/17「환경과 인권에 관한 해석」에서, '건강한 환경에 대한 권리(right to a healthy environment)'를 인간의 기본적 인권이자 자연 그 자체의 권리로 인정했다.[10] 이후 2020년 라카 혼핫(우리의 땅) 대 아르헨티나(Lhaka Honhat (Our Land) v. Argentina) 사건에서도 법원은 원주민 공동체가 의존하는 생태 환경의 파괴는 곧 생존권과 문화권의 침해에 해당한다고 판시했다.[11] 이러한 판결은 생태법학의 규범적 명제가 국제 인권 체계 속으로 흡수되고 있음을 보여준다. 즉, 환경 파괴에 대한 국가의 책임이 단지 정책적 비판이 아닌, 법

---

9) European Court of Human Rights, Verein KlimaSeniorinnen Schweiz and Others v. Switzerland, Application no. 53600/20, Judgment of 9 April 2024.
10) Inter-American Court of Human Rights, Advisory Opinion OC-23/17 on Environment and Human Rights(15 November 2017), paras. 59-62.
11) Inter-American Court of Human Rights, Lhaka Honhat (Our Land) v. Argentina (Judgment of 6 February 2020), paras. 188-198.

적 의무 위반으로 전환되는 과정이 국제 사법 기관의 해석을 통해 실현되고 있는 것이다.

국제 사법 기관들의 이러한 판례와 권고적 의견은 생태법학이 단지 철학적 사유나 학문적 논의에 머물지 않고, 실제 법질서 속에서 구체적 효력을 가지게 되었음을 입증한다. 이제 기후변화, 산림 파괴, 생물 다양성 붕괴와 같은 문제들은 단순한 '환경 문제(environmental issue)'가 아니라, 국가의 법적 의무와 인류 전체의 공동 책임(global responsibility)으로 다루어지고 있다.

또한 이러한 국제 사법적 전환은 각국 헌법과 국내법에 직접적인 영향을 미치고 있다. 에콰도르, 콜롬비아, 볼리비아 등 라틴아메리카 국가들은 이미 자연의 권리를 헌법에 명문화했으며, 유럽연합 또한 2024년 〈유럽 기후법(European Climate Law)〉을 통해 탄소중립 의무를 법제화했다.[12] 이러한 흐름은 생태법학이 제시하는 '지구적 법질서(Global Ecological Order)'의 윤곽이 점차 현실 속 법체계로 구체화되고 있음을 보여준다. 결국 국제사법재판소와 지역 인권법원의 역할은 단순한 재판 기능을 넘어, 인류가 맞이한 생태세(Ecocene) 시대의 새로운 법질서를 선도하는 지구적 사법의 실험장(Earth Jurisprudence in Practice)으로 자리 잡고 있다. 이제 법은 인간 사회의 분쟁을 해결하는 제도에서 나아가, 지구 전체 생명체의

---

12) European Parliament and Council, Regulation(EU) 2021/1119 of 30 June 2021 establishing the framework for achieving climate neutrality(European Climate Law), OJ L 243, 9 July 2021.

조화로운 공존을 보장하는 문명적 언어로 다시 쓰여야 한다.

오늘날 국제 사법 기관은 단순히 분쟁을 해결하는 기관이 아니라, 인류 문명이 직면한 생태적 전환의 방향을 제시하는 법적 나침반이 되어가고 있다. 국제사법재판소의 기후권 권고 의견, 유럽인권재판소의 기후 인권 판결, 미주인권재판소의 환경 인권 인정은 모두 법이 인간을 넘어 지구 생명 공동체 전체의 질서를 재구성하는 도구임을 보여준다. 생태법학은 이 변화의 철학적·법 이론적 토대이다. 그것은 법을 인간의 합의로 제한하지 않고, 자연과 인간이 함께 구성하는 '지구적 공법(Earth Public Law)'의 기반으로 확장하려는 시도이다. 법이 다시 자연과 대화하고, 자연의 언어를 법의 언어로 번역하는 이 전환 속에서 국제 사법 기관의 판결은 생태문명으로 향하는 실질적 실천의 출발점이 된다.

제7장
생태법학의 적용 가능성과 법제도적 수용

1 생태헌법: 새로운 사회계약으로서의 전환

오늘날의 헌법은 인간의 권리를 보호하고 자유를 보장하는 데 초점을 두고 있다. 그러나 기후위기와 생태계 붕괴는 인간의 권리만으로는 대응할 수 없는 위기를 우리 앞에 드러내고 있다. 이러한 상황은 우리에게 근본적인 질문을 던진다. 헌법이 인간만을 위해 존재해야 하는가, 아니면 지구 공동체 전체의 삶을 위한 새로운 규범 질서가 되어야 하는가. 바로 이 질문에서 '생태헌법(Ecological Constitution)'의 필요성이 비롯된다.

전통적 의미에서 헌법은 사회계약(social contract)의 결과였다. 근대 시민혁명기 이후, 헌법은 인간이 자연 상태에서 가진 자유와 권리를 보장하고, 이를 위해 권력에 제한을 두는 규범적 장치로 등장했다. 하지만 이 계약은 어디까지나 인간들 사이의 계약이었다. 숲, 강, 동물, 토양은 계약의 당사자가 아니었고, 그저 계약의 배경이자 자원으로만 여겨졌다. 오늘날의 위기는 바로 이 불완전한 계약 구조에서 기인한다. 인간끼리의 계약만으로는 지구라는 공동체 전체를 지속 가능하게 유지할 수 없다는 사실이 드러난 것이다.

생태헌법은 이러한 한계를 넘어서는 새로운 사회계약을 제안한다. 인간과 인간 사이의 계약을 넘어서, 인간과 자연, 그리고 미래 세대까지 포괄하는 계약으로 나아가야 한다는 것이다. 에콰도르 헌법(2008)이 자연 즉 파차마마(Pachamama)를 권리 주체로 선언한 것은 단순한 입법 실험이 아니라, 사회계약의 당사자 범위를 확장한 혁신적 사례였다. 여기서 자연은 더 이상 보호의 객체가 아니라, 계약의 주체로서 법적 목소리를 부여받았다. 2011년 빌카밤바 강 사건에서 법원이 도로 건설로 훼손된 강의 회복을 명령한 것은, 바로 이 새로운 계약의 작동을 보여주는 첫 실험이었다.

크리스토퍼 스톤은 "나무에게도 소송을 제기할 권리를 줄 수 있는가?"라는 도발적 질문을 던지며, 법은 단지 인간 사회를 위한 것이 아니라 더 넓은 생명 공동체를 위한 것임을 역설했다. 그의 사유는 에콰도르와 볼리비아, 그리고 뉴질랜드의 황가누이강 판결 같은 헌법적·사법적 실험으로 이어지고 있다. 결국 생태헌법은 '자연도 계약의 당사자'라는 전환적 사유를 법제도로 구현하려는 시도라 할 수 있다.

생태헌법이 제안하는 새로운 사회계약의 핵심은 세 가지로 요약할 수 있다. 첫째, 자연은 고유한 권리를 가진 존재라는 점에서 인간과 대등한 계약 당사자로 인정되어야 한다. 둘째, 사회계약은 현세대만이 아니라 미래 세대까지 포함해야 한다. 이는 세대 간 정의(Intergenerational Justice)를 헌법 차원에서 제도화하는 것이다. 셋째, 환경은 특정 국가의 소유물이 아니라 인류 전체의 신탁자산(Trust Property)이라는 공동체적 인식이 필요하다.

이처럼 생태헌법은 단순히 기존 헌법에 환경 조항을 추가하는 것이 아니라, 법의 근본 토대를 새롭게 짜는 시도다. 루소가 『사회계약론』에서 근대 시민사회의 규범적 토대를 제시했던 것처럼, 생태헌법은 인간과 자연이 맺는 새로운 사회계약을 통해 법질서를 재구성하려 한다. 이제 헌법은 단지 인간의 자유만을 보장하는 문서가 아니라, 지구 공동체 전체의 생존을 위한 윤리적 약속이 되어야 한다.

생태헌법을 실제로 제도화하기 위해서 다양한 입법적 장치들이 구체적으로 논의되고 있다. 에콰도르는 이미 헌법에 '자연의 권리 수호자'를 독립된 기관으로 설치하여, 자연의 권리를 직접 감시하고 옹호할 수 있는 장치를 마련했다. 이는 일종의 생태 옴부즈맨 제도로, 자연의 목소리를 제도 속에 반영한 대표적 사례라 할 수 있다. 인도, 방글라데시, 볼리비아 등 여러 나라에서는 환경권을 심사하기 위한 특별 법원이나 전담 판사를 두어, 분쟁 해결 과정에서 생태적 가치가 독자적으로 고려될 수 있는 구조를 도입했다. 이른바 '생태재판소(Earth Rights Tribunal)'의 구상이다.

유럽에서도 흥미로운 시도가 있었다. 프랑스는 2021년 헌법 개정을 추진하며 '기후와 생물 다양성 보전'을 국가의 헌법적 의무로 명시하려 했다. 이를 위해 2020년, 150명의 무작위 시민으로 구성된 '시민기후회의(Citizens' Convention for the Climate)'를 통해 "공화국은 환경과 생물 다양성을 보전하고 기후변화에 맞서 싸운다"는 내용을 헌법 제1조에 추가할 것을 권고받았다. 이후 하원은 이 문구를 포함한 개정안을 통과시켰으나, 상원에서 표현을 약화시키는 수정안을 채택하면서 충돌이 발생했다. 결국 양원 간 합의에 이르지 못해, 2021년 7월 개정안은 철회되었다. 비록 성사되지는 않았지만, 이 시도는 헌법 차원에서 기후위기를 대응하려는 움직임이 제도적으로 어떻게 모색되고 있는지를 잘 보여준다.

또한 최근에는 시민에게도 자연에 대한 책임과 권리를 동시에 부여하는 새로운 시민권 개념, 즉 '생태 시민권(Ecological Citizenship)'이 논의되고 있다. 이는 인간과 자연의 관계를 헌법적 차원에서 재구성하려는 시도의 하나로, 시민 개개인이 환경 보존의 적극적 주체가 될 가능성을 제시한다.

한국의 경우, 헌법 제35조 제1항에서 "모든 국민은 건강하고 쾌적한 환경에서 생활할 권리를 가진다"라고 규정하고 있지만, 이는 인간 중심의 환경권에 머무르는 한계를 보인다. 생태법학의 관점에서 본다면 이는 근본적 전환이 필요하다. 프랑스, 독일, 스페인 등이 기후위기에 대응하기 위해 헌법 개정을 모색하는 것은 헌법이 더 이상 인간의 자유만을 담보하는 문서에 머물러서는 안

되며, 이제는 '생태의 자유'를 보장하는 규범으로 확장되어야 한다는 흐름을 보여준다. 따라서 한국에서도 향후 개헌 논의 속에서 자연을 권리 주체로 선언하는 조항의 명시, 미래 세대를 위한 세대 간 정의 조항의 신설, 그리고 정책 결정 과정에서 환경 대리인이 참여할 수 있는 생태 민주주의 원리의 도입과 같은 방향이 본격적으로 고려되어야 할 것이다.

2 환경헌법에서 생태헌법으로 전환: 라틴아메리카의 경험과 시사점[13]

라틴아메리카는 21세기 초부터 인간 중심의 환경헌법을 넘어, 생태헌법으로의 전환을 선도해 온 지역이다. 이 전환은 단순히 환경 보호 조항을 강화하는 차원을 넘어, 인간과 자연의 관계를 헌법적 규범의 중심에 재배치하려는 문명사적 시도라 할 수 있다. 다시 말해, 라틴아메리카의 생태헌법은 법이 '자연을 위한 도구'가 아니라 '자연이 법의 주체가 되는 질서'를 실현하려는 실험이다.

---

13) 다음의 논문을 요약한 것이니 자세한 내용은 해당 논문을 참조할 것. 조희문, 「인간 중심적 환경헌법에서 생태중심적 환경헌법으로: 라틴아메리카 국가들의 기여」, 《중남미연구》, 40(3), 2021, 1-30쪽.

(1) 에콰도르 생태헌법의 구조: 자연의 권리 인정

2008년 제정된 에콰도르 헌법은 세계 최초로 '자연'을 법적 권리의 주체로 명시했다. 헌법 제71조는 "자연, 즉 파차마마(Pachamama)는 존재하고 유지되며 재생될 권리를 가진다"라고 선언하며, 모든 시민에게 자연의 권리를 보호하기 위해 소송을 제기할 수 있는 권한을 부여했다. 이는 단순한 환경 보호 규정이 아니라, 헌법 질서의 철학적 토대를 '인간 중심의 계약'에서 '지구 공동체의 계약'으로 바꾼 근본적 혁신이었다. 헌법의 사상적 기초에는 원주민의 수막 카우사이(Sumak Kawsay, Buen Vivir, '조화로운 삶') 개념이 자리하며, 인간의 번영을 자연의 건강과 불가분의 관계 속에서 이해하려는 세계관이 반영되어 있다.

에콰도르 헌법은 '환경헌법'에서 '생태헌법'으로의 전환을 최초로 실현한 사례로 평가된다. 기후변화 시대에 각국이 환경과 인간의 관계를 어떻게 재정립하느냐에 따라, 에콰도르의 헌법은 생태 중심 헌법의 모델이자 지침서가 될 수 있다. 에콰도르 생태헌법의 특징은 다음과 같다.

첫째, '참여적 민주주의(Participatory Democracy)'를 도입하여 국민의 정치적 참여 기회를 대폭 확대했다.

둘째, '지방 분권(Decentralization)'을 강화하여 지역 공동체가 스스로 지역 문제를 해결할 수 있는 자율성을 부여했다.

셋째, 3세대 인권과 집단적 권리를 도입함으로써 공동체적 삶의 가치를 헌법 질서에 포함했다.

넷째, 재산권의 사회적 기능(Social Function of Property)을 명시하여, 개인이나 법인의 사유재산권이 공공성과 생태적 한계 안에서 행사되어야 함을 분명히 했다.

다섯째, '사회적 경제(Social Economy)' 개념을 도입하여 공공 경제와 민간 경제가 공존하는 경제의 다양성(plural economy)을 제도화했다.

마지막으로, 유럽 중심(Eurocentrism)적 사고와 인간 중심(Anthropocentric) 세계관을 넘어, 생태 중심(ecocentric) 세계관으로의 대전환을 시도했다.

에콰도르 헌법은 이러한 철학적 기반 위에서 '자연 권리(Rights of Nature)'를 헌법상의 기본권으로 규정했다. 즉, 헌법의 권리편 제1장('권리의 적용 원칙') 제10조 제1항은 자연에게 헌법상 권리 주체성을 부여했으며, 권리편 제7장('자연의 권리')에서는 제71조부터 제74조까지 네 개 조문을 신설하여 자연의 존재, 유지, 회복, 재생의 권리를 구체적으로 보장했다.

이로써 에콰도르 헌법은 자연의 권리를 인간의 권리와 병렬적으로 인정하는 세계 최초의 헌법으로서, 법적 주체의 범위를 인간을 넘어 생명 전체로 확장한 혁명적 전환을 이루어냈다.

에콰도르 헌법의 자연권 규정	
제10조 1항	자연은 헌법이 인정하는 권리의 주체임
제71조(완전한 존중권과 유지 · 재생권)	전문. 완전한 존중권과 유지 · 재생권 1항. 제소권자(모든 사람, 공동체, 주민과 국민) 2항. 국가의 자연보호 촉진권

제72조(회복권)	전문. 침해된 자연에 생활을 의존하는 개인이나 지역 공동체와 별도로 자연은 침해에 대한 회복권 보유 1항. 환경 피해가 심각하거나 영속적인 경우 국가의 즉각적 효과적 적절한 회복 조치 시행 의무
제73조(국가의 예방 조치 의무)	국가의 적극적이고 선제적인 예방 조치 의무 국가 유전 자산의 변경을 초래할 수 있는 어떠한 유기체, 유기물 또는 무기물의 도입을 금지
제74조	전문. 좋은 삶을 위한 환경 서비스 향유권 1항. 환경 서비스의 공공성 및 정부의 규율 의무

에콰도르 헌법 제71조와 제72조는 자연의 권리를 세 가지로 명시하고 있다. 첫째, '자연 존재의 완전한 존중권(respeto integral de su existencia)', 둘째, '유지·재생권(mantenimiento y regeneración)', 셋째, '회복권(derecho a la restauración)'이 그것이다.

또한 헌법은 모든 사람, 공동체, 주민, 그리고 국민('toda persona, comunidad, pueblo o nacionalidad')에게 정부 당국에 자연 권리의 준수를 요구할 수 있는 권리를 부여하고, 국가는 이러한 자연 권리를 침해하거나 훼손하는 모든 행위를 방지할 의무를 진다.

흥미로운 점은 에콰도르 헌법이 '자연'의 개념을 명확히 정의하지 않았다는 점이다. 헌법은 단지 '자연 또는 파차마마(naturaleza o Pacha Mama)'라고 표현하며 양자를 동일시하고 있을 뿐이다. 이 때문에 파차마마의 의미를 이해하는 것이 자연 권리 해석의 출발점이 된다. 입법자는 법원이 구체적인 사안에서 자연 권리가 적용될 수 있는 '자연의 범위'를 판단할 수 있도록 상당한 자율권을 부여했다. 즉, 헌법은 제71조에서 완전한 존중권과 유지·재생권을, 제72조에서 회복권을 규정함으로써 '개방적 입법 방식(open normative structure)'을 택한 것이다.

① 자연의 존재에 대한 완전한 존중권(제71조)

자연 존재의 완전한 존중권은 잉카 문명에서 유래한 파차마마 사상을 반영한다. 파차마마는 케추아(Quechua)어로 '대지의 어머니'를 뜻하며, 인간이 자연의 일부로서 조화롭게 공존해야 한다는 세계관을 내포한다. 에콰도르 헌법은 이러한 원주민의 자연 신앙을 현대 헌정 질서에 접목하여, 헌법 해석의 기초로 삼았다. 헌법 제2편 권리편 제2장 '좋은 삶(Sumak Kawsay)'은 파차마마 개념과 긴밀히 연결된다. 이 장은 사회·경제적 권리(물과 식량, 건강한 환경, 교육, 노동 등)를 8개 절로 구성하여, 인간의 복지를 자연과의 조화 속에서 실현하는 것을 목표로 한다. 헌법 전문 또한 "우리는 자연인 파차마마의 일부이며, 그녀는 우리의 존재에 필수적이다. 우리는 자연과의 다양성과 조화 속에서 시민적 공존의 새로운 형태를 구축하기로 결의한다."라고 선언하여, '좋은 삶(buen vivir)'과 '자연과의 조화'가 동일한 의미임을 헌법 전문에 명문화했다.[14]

따라서 자연 존재에 대한 완전한 존중권은 단순히 자연을 보호하는 의무가 아니라, 인간의 태도와 행동이 자연의 존엄을 인정하

---

[14] "CELEBRANDO a la naturaleza, la Pacha Mama, de la que somos parte y que es vital para nuestra existencia, decidimos construir una nueva forma de convivencia ciudadana, en diversidad y armonía con la naturaleza, para alcanzar el buen vivir, el sumak kawsay." 조희문, 「중남미에서의 자연권에 관한 이론과 실제」, 《외법논집》 제44권, 2020, 457쪽.

고 존중하는 방식으로 이루어져야 함을 의미한다. 이는 곧 뒤에 규정된 유지·재생권과 회복권의 해석 지침이 된다.

② 자연의 유지·재생권(제71조)

자연의 유지·재생권은 제71조 본문에서 완전한 존중권과 함께 규정되어 있다. 헌법은 자연과 파차마마를 동일시하면서, 자연을 "생명이 재생산되고 유지되는 장소"로 정의한다. 이는 원주민의 윤회적 세계관—자연 속에서 생명이 태어나고, 살고, 죽고, 다시 순환한다는 사상—을 반영한 것이다.

따라서 유지·재생권은 생명의 순환이 인간의 간섭 없이 평온하게 이루어질 수 있도록 보장받을 권리를 의미한다. 즉, 자연이 스스로의 질서 안에서 생명 활동을 지속하고 재생할 수 있는 '생명 순환의 완전한 존중'을 보장하는 것이다. 이 권리는 파차마마의 존재론적 지위를 인정하고, 생명 윤회적 활동을 침해받지 않을 권리를 보장하는 핵심 규정으로 평가된다.

③ 자연의 회복권(제72조)

제72조는 자연이 침해되었을 경우, 그 피해를 회복할 권리를 명시한다. 이는 자연에 의존하여 살아가는 개인이나 지역 공동체의 배상권과는 별개의 권리이다. 즉, 자연 그 자체가 피해 회복을 요구할 수 있는 독립된 권리 주체로서 인정된다. 자연은 스스로 소송을 제기할 수 없기 때문에, 헌법 제71조 제1항은 '모든 사람, 공동체, 주민, 국민'을 자연의 대리인으로 규정했다. 따라서 누

구든 자연의 권리를 옹호하고 침해 행위를 중지할 수 있는 헌법상 소송 주체가 될 수 있다.

회복권의 행사에 있어 헌법 제72조 제1항은 환경 회복을 최우선 과제로 둔다. 국가가 환경 훼손을 방치할 경우 회복 불가능한 상태로 이어질 수 있다고 판단되면, 침해자의 책임 여부와 관계없이 즉시 복원 조치를 취해야 한다. 침해자에 대한 배상이나 의무 이행은 후순위로 다루어진다.[15]

④ 환경 서비스의 공공성(제74조)

제74조는 환경 자산과 자연 자원의 공공성(public nature)과 집단성(collectivity)을 명시한다. 헌법은 환경과 자연 자산의 혜택을 '환경 서비스(servicios ambientales)'로 정의하고, 이를 공공재로 규정하여 독점적 소유를 금지한다. 즉, "인간, 지역사회, 인민 그리고 국민은 좋은 삶을 가능하게 하는 환경과 자연 자원을 향유할 권리가 있다." "환경 서비스는 소유의 대상이 아니며, 그 생산·제공·이용은 국가가 규율한다."라고 명시한다.

이때 환경 서비스의 사적 점유를 금지한 '사취 금지(apropiación)' 조항은, 자연의 혜택이 공익을 위한 것이지 사익의 수단이 되어서는 안 된다는 헌법적 명령을 의미한다. 다만 구체적인 적용 여부와 범위는 개별 사안에서 법원이 판단해야 하므로, 법원의 역할이

---

[15] 조희문, 「중남미에서의 자연권에 관한 이론과 실제」, 《외법논집》 제44권, 2020, 455쪽.

매우 중요해졌다.

⑤ 자연 우선 해석 원칙(제395조 제4항)

에콰도르 헌법은 기본권편(제71-74조) 외에도 헌법 제395조에서 환경과 자연 보호에 관한 해석 원칙을 규정하고 있다. 제395조 제4항은 "환경 관련 법률의 해석에 의문이 있는 경우, 자연의 보호에 가장 유리한 의미로 해석한다."라고 명시하여, 이른바 '자연 우선의 원칙(in dubio pro natura)'을 확립했다. 이는 생태헌법의 기본 해석 기준으로, 환경 문제가 발생했을 때 인간의 이익보다 자연의 보전을 우선하도록 한 조항이다. 또한 '환경(environment)' 대신 '자연(nature)'이라는 용어를 사용함으로써, 환경 문제가 단순한 관리나 이용의 문제가 아니라 '자연의 권리'와 직결된 사안임을 명확히 했다.[16]

⑥ 절차적 보장: 보호 소송

에콰도르 헌법은 자연의 권리가 형식적 선언에 그치지 않도록 절차적 장치도 마련했다. 헌법 제3편 제3장 '관할적 보장'은 자연 권리를 행사하기 위한 헌법 소송 제도를 명시하고 있으며, 그중 '헌법 보호 소송(Acción de protección)'은 자연의 권리가 침해되었을

---

16) 조희문, 「중남미에서의 자연권에 관한 이론과 실제」, 《외법논집》 제44권, 2020, 456쪽.

때 신속하고 실효적으로 구제받을 수 있는 절차를 제공한다.[17] 이를 통해 자연 권리가 단순한 이상적 선언으로 사문화되는 것을 방지하고, 실질적 권리로 작동할 수 있도록 제도화했다.

이상에서 보듯, 에콰도르 헌법은 자연을 단순한 환경의 일부로 보지 않고, 고유한 권리의 주체로서 인간과 동등한 헌법적 지위를 부여했다. 완전한 존중권·유지·재생권·회복권을 핵심으로 하는 이 체계는, 인류가 법을 통해 자연과 '공존의 윤리'를 제도화할 수 있음을 보여주는 생태헌법의 대표적 모델이라 할 수 있다.

이 헌법적 사유는 2011년 빌카밤바강 사건에서 실제로 작동했다. 법원은 도로확장공사가 강의 자연적 흐름을 훼손했다고 판단

---

[17] '헌법 보호 소송(Acción de protección)'은 한국의 헌법소원 제도와 유사하나, 훨씬 폭넓고 실효적인 절차로 설계되어 있다. 예를 들어, 2021년 '로스 세드로스' 사건에서 시민 단체와 지역 공동체는 광산 개발로 인한 생태계 파괴가 자연의 헌법상 권리를 침해했다고 주장하며 '헌법 보호 소송'을 제기했다. 법원은 광산 허가가 헌법 제71조의 '자연의 존재·유지·재생될 권리'를 침해했다고 판단하고, 즉시 개발 중단과 복원 조치를 명령했다. 이 소송은 대리인 자격에 제한이 없기 때문에, 모든 시민이나 단체가 '자연의 대표자'로서 소송을 제기할 수 있다. 절차는 신속하게 진행되며, 1심에서 인용될 경우 행정기관은 즉각 이행해야 한다. 이러한 구조는 한국의 헌법 소원보다 접근성과 집행력이 높고, 자연을 직접적인 헌법 소송의 당사자로 인정했다는 점에서 생태헌법적 의미를 지닌다. '헌법 보호 소송'은 2심제(1심은 지방 법원/Tribunal ordinario, 2심은 지방고등법원/Corte Provincial)이나, 헌법재판소가 선택적 심리권을 가져 사실상 준(準)3심제에 해당한다. 1심 인용 판결은 즉시 효력이 발생하며 항소가 제기되어도 집행 정지되지 않는다. 이러한 즉시 이행 원칙은 '회복 불가능한 환경 피해를 예방하기 위한 예방적 정의(Preventive Justice)'의 구현이라 볼 수 있다. 로스 세드로스 사건도 하급심의 판단이 엇갈린 후, 헌법재판소가 직접 개입하여 자연 권리 침해를 인정하고 헌법 제71-74조의 직접 적용을 선언했다(Corte Constitucional del Ecuador, Sentencia No. 1149-19-JP/21, Caso Los Cedros, 2021)

하며, "자연은 헌법상 권리의 주체로서 회복을 요구할 권리를 가진다"고 판시했다. 이는 역사상 처음으로 법원이 자연의 이름으로 권리 회복을 명령한 사례로 기록된다. 이 판결을 통해 생태헌법의 선언이 법적 실천으로 이어질 수 있음을 보여주었다.

(2) 콜롬비아의 생태헌법과 자연 권리 판례의 발전

콜롬비아 헌법재판소는 1998년 판결 C-126에서 1991년 헌법을 생태헌법(Constitución Ecológica)으로 규정하며, 생태헌법이 지닌 3층 구조(triple dimensión)의 의미를 제시했다. 즉, 헌법상 환경 보호는, (1) 천연자원에 대한 국가의 보호 의무, (2) 모든 국민의 건강한 환경을 누릴 권리, (3) 국가와 개인에게 부과되는 환경 보호의 의무라는 세 차원의 의미가 있다.

헌법재판소는 국가가 환경 보호에 대해 보다 강력한 의무를 지며, "지속 가능한 발전"이 생태헌법의 핵심 원리 중 하나임을 명확히 했다(판결문 제18항).

이후 2010년 헌법재판소는 판결 C-595/10을 통해 생태헌법의 존재를 다시 확인했다.[18] 법원은 "1991년 헌법은 인간과 자연의

---

18) 4.2. La Constitución ecológica. El Constituyente de 1991 instituyó nuevos parámetros en la relación persona y naturaleza. Concedió una importancia cardinal al medio ambiente que ha llevado a catalogarla como una "Constitución ecológica" o "Constitución verde"(Sentencia C-595/10).

관계에 새로운 기준을 세웠고, 환경에 본질적 가치를 부여함으로써 '녹색헌법(Constitución Verde)'으로 불릴 만하다"고 밝혔다(판결문 제4.2항). 이 사건은 환경법(법률 제1333호)의 일부 조항이 헌법상 무죄 추정의 원칙에 위배된다는 위헌 소송이었으나, 헌법재판소는 이를 기각했다. 법원은 환경 보호를 위한 예방 조치가 인류 보존을 위한 헌법적 목적에 부합한다면, 오히려 '사전 예방 원칙(Precautionary Principle)'에 따라 정당화될 수 있다고 판단했다(판결문 4.5, 7.12항).

2016년에는 역사적인 아트라토강 사건(Sentencia T-622/16)이 등장했다.[19] 콜롬비아 북서부의 아트라토강은 불법 채굴로 심각한 오염을 겪었고, 이에 원주민과 시민단체 '신성한 대지(Tierra Digna)'가 정부를 상대로 헌법 소원(Acción de tutela)을 제기했다. 헌법재판소는 "아트라토강은 권리의 주체이며, 그 권리는 보호·보존·유지·회복을 포함한다"고 판시했다(판결문 9.32항).[20] 이는 에콰도르 헌법의 자연 권리 조항과 유사한 구조로, 법원은 생태 중심주의(Ecocentrismo)에 근거하여 아트라토강의 권리 주체성을 인정했다(판결문 5.5-5.10항). 또한, 강 유역 원주민 공동체의 생태문화적

---

19) 이 사건은 조희문(2020), 459-460쪽에서 분석했던 내용을 보완·수정하여 재인용했음을 밝힌다. Corte Constitucional-Sala Sexta de Revisión, sentencia T-622 of 2016. 판결문은 다음에서 찾을 수 있다. https://www.corteconstitucional.gov.co/relatoria/2016/t-622-16.htm

20) 판결문 9.32. (……) es que la Corte declarará que el río Atrato es sujeto de derechos que implican su protección, conservación, mantenimiento y en el caso concreto, restauración.

권리(biocultural rights)를 보장하며, 국제환경조약인 나고야 의정서를 적극 인용했다.[21] 이 판결은 헌법상 자연권리의 실질적 적용과 국제 환경법의 내재화를 이끈 대표적 사례로 평가된다.[22]

2018년 콜롬비아 대법원(Sentencia 4360-2018)은 이러한 흐름을 이어받아, 기후변화 관련 판결에서 아마존 지역을 '권리의 주체'로 인정했다.[23] 26명의 청소년이 대통령과 환경부 등을 상대로 제기한 이 소송에서, 대법원은 〈파리 협정〉(2015)의 이행 의무를 근거로 정부에 아마존 산림 황폐화를 중단하고 4개월 내 구체적 복원계획을 제출하라고 명령했다. 대법원은 기후변화를 "미래 세대의 환경 인권에 대한 침해"로 보았으며, 세대 간 정의(Intergenerational Justice)의 원칙을 명확히 확인했다. 즉, 현재 세대는 미래 세대의 건강한 환경권을 침해하지 않을 의무를 진다는 것이다.

---

21) 〈나고야 의정서〉는 '생물문화적 권리(biocultral rights)'라는 새로운 개념을 채택하여, 지역사회가 역사적으로 생태계의 생물자원과 문화에 대한 법적인 권리뿐만 아니라 생태계를 운영, 관리할 권리가 있다고 보았다(조희문, 2020: 460쪽 각주 34).
22) 인간 중심적인 현실 헌법과 법제의 한계를 법원이 극복해야 한다는 주장은 최근 들어 많은 학자들의 지지를 받고 있다. 같은 헌법을 놓고 해석하고 적용할 때 인간 중심에서 생태 중심으로 관점을 전환할 수 있으면 완전히 다른 판결이 나올 수 있다는 것이다. Murcott(2017)는 남아프리카 법원이 코뿔소의 보호를 위해 모라토리움을 선언한 정부 정책의 위헌과 위법성을 판단하면서 인간 중심적 판단의 한계를 드러냈다고 비판했다. Murcott, M.(2017), "Transformative Environmental Constitutionalism's Response to the Setting Aside of South Africa's Moratorium on Rhino Horn Trade", Humanities, 6(4), 84. 조희문, 「중남미에서의 자연권에 관한 이론과 실제」, 《외법논집》제44권, 2020, 460쪽.
23) Sentencia 4360-2018 de la Corte Suprema de Justicia. 판결문은 다음에서 볼 수 있다. http://legal.legis.com.co/document/Index?obra=jurcol&document=jurcol_c947ae53aeb447bd91e8e9a315311ac5

이후 하급심에서도 자연의 권리 인정은 점차 확산되었다. 2019년 메데인(Medellín) 고등법원은 카우카강(Cauca River)을 권리 주체로 인정하며, 강의 보존과 회복을 명령했다("El río Cauca es sujeto de derecho").[24] 2020년 콜롬비아 대법원도 살라망카섬 국립공원(Sentencia STC3872-2020)을 권리 주체로 선언하고, 산림 파괴 행위를 중단할 것을 명했다.

이처럼 콜롬비아는 헌법에 자연 권리를 명시적으로 규정하지 않았음에도 불구하고, 헌법재판소와 대법원이 헌법의 생태적 해석을 통해 자연 권리를 적극적으로 인정했다. 법원은 헌법의 생태적 가치와 국제 환경 조약을 통합적으로 해석하여, 인간과 자연의 관계를 '인간 중심에서 생태 중심으로 전환'하는 실질적 법적 토대를 마련했다. 결국, 콜롬비아의 생태헌법은 환경과 생명에 대한 사법적 보호를 강화하고, 현재 세대와 미래 세대가 함께 누릴 수 있는 건강한 환경권을 실현할 수 있게 한 진일보한 법적 실험이라 할 수 있다.

(3) 아르헨티나와 미주인권재판소: 비인간 주체의 확대

아르헨티나는 연방헌법이나 연방법에 자연의 권리를 명시하고 있지 않으며, 환경 법제 또한 생태 중심적으로 구성되어 있지 않

---

[24] 안티오키아 주 대법원, TRIBUNAL SUPERIOR, 2019-076, SALA CUARTA CIVIL DE DECISIÓN, Medellín.

다. 그런데도, 아르헨티나 사법부는 법률이 사회적 변화를 따라가지 못할 때, 사법 적극주의를 통해 새로운 법리와 권리의 지평을 열어온 전통을 가지고 있다. 이러한 맥락에서 아르헨티나 법원은 자연 그 자체에 관한 판례는 아직 없지만, 비인간 존재, 즉 침팬지나 오랑우탄과 같은 동물의 인격권을 인정한 사례를 통해 생태법학적 전환의 단초를 마련했다.

먼저, 2014년 부에노스아이레스 연방행정법원은 '산드라(Sandra)'라는 오랑우탄을 법의 주체(sujeto de derecho)로 인정하는 혁신적 판결을 내렸다.[25] 사건의 원고는 동물권리보호 아르헨티나 변호사협회(AFADA)로, 산드라가 20년 동안 좁은 우리에서 생활하며 정신적 고통을 받고 있다며, 보다 자연에 가까운 환경에서 살 권리를 요구했다. 법원은 산드라가 "인간은 아니지만 인간에 가까운 존재이며, 감정과 의식을 지닌 존재"라는 점을 인정하고, 인신구속적부심(Acción de habeas corpus)을 받아들여 피고에게 적절한 서식 환경을 마련할 것을 명령했다. 판결문은 "오랑우탄 산드라를 법의 주체로 인정한다"[26]고 명시하며, 아르헨티나 사법 사상 처음으로 '비인간 주체'를 공인했다.

이후 2016년 멘도사 법원(Tercer Juzgado de Garantías)은 '세실리아

---

25) Juzgado Nacional de Primera Instancia en lo Contencioso Administrativo Federal.
26) 판결문. "1) Reconocer a la orangutana Sandra como un sujeto de derecho, conforme a lo dispuesto por la ley 14.346 y el Código Civil y Comercial de la Nación."

(Cecilia)'라는 침팬지 사건에서 동일한 결론을 내렸다.[27] 법원은 세실리아를 '비인간 권리 주체(sujeto de derecho no humano)'로 선언하면서, 생물 중심주의(Biocentrism)에 입각하여 동물도 법적 인격을 가질 수 있다고 판시했다. 판결문은 다음과 같이 명시한다.[28]

"규범의 주체는 인간만이 아니라, 오랑우탄·고릴라·보노보·침팬지 등 고등 영장류 역시 법의 주체로 포함된다."[29]

이 판결은 모든 동물이 법의 주체가 될 수 있다는 일반명제가 아니라, 생물학적 감수성과 사회적 상호작용 능력을 기준으로 한 '선별적 인격성 인정' 가능성을 시사했다는 점에서 주목받았다.[30]

이러한 국내 판례의 흐름은 2020년 미주인권재판소의 획기적인 판결인 라카 혼핫(우리의 땅) 대 아르헨티나 사건으로 이어졌다. 이 사건은 파라과이 및 볼리비아와 접경한 지역에서 132개 원주

---

[27] Tercer Juzgado de Garantías, PODER JUDICIAL MENDOZA.
[28] 판결문, 44쪽. "II.- Declarar a la chimpance Cecilia, actualmente alojada en el zoologico de la Provincia de Mendoza, sujeto de derecho no humano."
[29] 판결문, 37쪽. "La mayor de los animales y, concretamente, los grandes simios son tambiem de carne hueso, nacen, sufren, beben, juegan, duermen, tienen capacidad de abstracci, quieren, son gregarios, etc. As la categor de sujeto como centro de imputaci de normas (o "sujeto de derecho") no comprender unicamente al ser humano sino tambiem a los grandes simios. orangutanes, gorilas, bonobos y chimpances."
[30] 판결문, 37쪽. "La mayor de los animales y, concretamente, los grandes simios son tambiem de carne hueso, nacen, sufren, beben, juegan, duermen, tienen capacidad de abstracci, quieren, son gregarios, etc. As la categor de sujeto como centro de imputaci de normas (o "sujeto de derecho") no comprender unicamente al ser humano sino tambiem a los grandes simios .orangutanes, gorilas, bonobos y chimpances."

민 공동체가 아르헨티나 정부를 상대로 제기한 집단적 토지 소유권 확인 소송이었다. 원고들은 수 세기 동안 이어온 전통적 삶의 터전이 외부인의 이주와 목장 개발로 인해 파괴되었다며, 정부의 무책임을 지적했다.[31]

미주인권재판소는 2017년 권고적 의견 OC-23/17에서 '건강한 환경에 대한 권리(derecho a un medio ambiente sano)'를 독립적 권리(autonomous right)로 해석하며, 두 가지 차원을 구분했다.[32]

첫째, 인간이 향유하는 '환경 인권'으로서의 차원, 둘째, 인간과 무관하게 자연 그 자체가 향유할 수 있는 '자율적 환경권'의 차원이다.

법원은 "건강한 환경은 인간의 효용 때문이 아니라, 그 자체로 보호할 가치가 있다"고 판시했다.

> "환경의 보호는 인간에게 미치는 이익 때문이 아니라, 인간이 다른 생명체들과 공유하는 지구가 그들의 권리를 위해 보호할 가치가 있기 때문이다."[33]

---

31) 판결문, para. 36.
32) OC-23/17 Advisory Opinion, para. 62. "62. (……) 독립적 권리로써 건강한 환경권은 산림, 강과 바다와 같은 환경의 구성원들을, 개인들에 대한 위험의 확신이나 증거가 없음에도 불구하고, 그 자체의 법익이 있어서 보호한다. (……) 그 의미는 자연과 환경을 보호하는 것은 그들이 인간에게 주는 혜택이나 그 악화가 건강, 생명 또는 인간의 완전성 등 인권에 주는 영향 때문이 아니라, 인간이 다른 생명체들과 공유하는 지구가 그들의 권리를 위해 보호할 가치가 있는 중요성 때문이다."
33) Inter-American Court of Human Rights, Advisory Opinion OC-23/17 on Environment and Human Rights (15 November 2017), paras. 62.

이 판결은 기존 인권법의 틀을 넘어선 새로운 해석의 전환점이었다. 그동안 국제 인권법에서는 '환경'이 주로 인간의 권리를 보조하는 수단, 즉 "깨끗한 환경이 있어야 인간의 건강과 생명이 보장된다"는 의미로만 이해되었다. 하지만 이 판결은 그 관점을 바꾸었다. 법원은 "자연은 인간을 위해 존재하는 것이 아니라, 그 자체로 보호받아야 할 존재"라고 선언한 것이다. 다시 말해, 인간이 혜택을 받기 때문이 아니라, 지구의 숲과 강, 바다와 같은 자연이 스스로의 가치와 권리를 가진다는 점을 명확히 한 것이다.

또한 미주인권재판소는 이 판결에서 '건강한 환경에 대한 권리'를 인간의 권리이자 동시에 자연의 고유한 권리로 해석했다. 이 접근은 환경 문제를 단순한 인권 이슈가 아닌, 모든 생명체가 공유하는 공동의 법적 가치로 끌어올린 것이다. 재판소는 나아가 라틴아메리카 여러 나라들이 이미 헌법 속에 이러한 환경권을 명시하고 있다는 점을 언급하면서, 이 흐름이 단지 한 나라의 실험이 아니라 세계적 추세(global constitutional trend)로 자리 잡고 있음을 강조했다. 결국 이 판결은 "인간 중심의 권리 체계에서 벗어나, 자연과 생명 전체를 법의 주체로 인정하는 방향으로 법이 진화하고 있다"는 사실을 보여준 획기적인 사건이라 할 수 있다.

이는 에콰도르, 콜롬비아, 볼리비아 등 라틴아메리카 국가들이 헌법 속에서 생태적 가치와 자연의 권리를 제도적으로 구현하려는 시도와 궤를 같이한다. 미주인권재판소의 이러한 판단은 지역 차원을 넘어, 앞으로 국제법과 헌법 이론이 '인간 중심에서 생태 중심으로' 전환해 가는 법의 새로운 지평을 열어준 사례로 평가된다.

결국 아르헨티나와 미주인권재판소의 사례는 생명과 법의 주체성에 대한 인식이 인간을 넘어 비인간 존재로 확장되는 과정을 보여준다. 오랑우탄과 침팬지의 인격권 인정, 그리고 생태 중심주의에 기반한 국제인권재판소의 판결은 '생태헌법 시대'의 새로운 방향성을 제시한다. 즉, 생명 전체가 법의 언어로 보호받아야 한다는 법적 인간 중심주의의 해체와 확장이 라틴아메리카에서 가장 급진적이면서도 철학적으로 정당화된 형태로 전개되고 있다.

(4) 라틴아메리카 생태헌법의 제도적 특징과 시사점

라틴아메리카의 생태헌법은 다음 세 가지 제도적 특징을 통해 그 독창성을 드러낸다.

① 헌법적 제도화: 자연의 권리를 헌법상 기본권으로 선언(에콰도르), 혹은 사법적 해석을 통해 실질적 권리로 인정(콜롬비아).

② 시민 소송의 활성화: 암파로(amparo), 기본권 보호 소송(Acción de protección), 시민 소송(Acción popular) 등 시민이 자연의 대리인으로 소송을 제기할 수 있는 절차를 마련.

③ 사법적 적극주의: 법원이 환경 분쟁을 단순한 개발 갈등이 아닌 '생명권' 문제로 해석하여, 행정부의 소극성을 보완.

이러한 제도는 '자연을 위한 헌법적 보호 체계'를 구체적으로 보여주는 실천 모델이다. 라틴아메리카의 경험은 생태헌법이 단지 이상적 선언이 아니라, 실제 권리 구제의 틀로 작동할 수 있음을 보여준다.

(5) 한국에 대한 시사점

한국 헌법 제35조는 "모든 국민은 건강하고 쾌적한 환경에서 생활할 권리를 가진다"고 규정하고 있으나, 이는 여전히 인간 중심의 환경권에 머물러 있다. 라틴아메리카의 경험은 한국의 헌법이 미래에 나아갈 방향을 제시한다. 즉, 자연을 권리 주체로 명시하고, 미래 세대를 포함한 세대 간 정의를 헌법적 원리로 제도화하며, 정책 결정 과정에서 생태적 가치가 독자적으로 반영될 수 있는 '생태민주주의(Ecological Democracy)'의 틀을 도입하는 것이다. 에콰도르와 콜롬비아의 헌법 실험은 법이 어떻게 인간의 계약을 넘어 지구의 약속(Earth Covenant)으로 확장될 수 있는지를 보여준다. 이러한 흐름은 한국 헌법 개정 논의에도 새로운 지평을 열 것이다.

3 민법과 형법에서 생태법학 적용 가능성

민법과 형법은 현대 법체계의 양대 축이다. 민법은 재산과 계약을 중심으로 한 인간 사이의 관계를 다루고, 형법은 금지된 행위와 그에 따른 처벌을 규정한다. 그러나 생태법학은 이러한 기존 법질서에 근본적인 질문을 던진다. 자연을 인간관계 속의 '대상'이 아닌, 독립된 '법적 주체'로 인정해야 한다는 주장은 민법과 형법의 기초 개념을 새롭게 구성할 것을 요구한다.

(1) 민법: 자연은 '사물'인가?

전통적인 민법 구조에서 자연은 소유나 이용의 대상, 즉 '물건(things)'에 해당한다. 강, 산, 숲, 동물은 재산권의 객체로서 인간의 이익 실현을 위한 도구로 간주되었다. 그러나 생태법학은 이러한 관점을 비판하고, 자연을 '공존의 주체'로 재정의한다.

뉴질랜드의 황가누이강 사건(2017)은 이러한 전환의 대표적 사례이다. 뉴질랜드 정부는 마오리족과의 협상 끝에 황가누이강에 법적 인격을 부여했으며, 이는 강을 단순한 자원(resource)이 아닌 권리 주체로 인정한 최초의 입법 사례로 평가된다. 법은 "황가누이강은 하나의 통합된 존재이며, 그 자체로서 법적 인격을 가진다"라고 선언했다.[34] 콜롬비아 헌법재판소 역시 2016년 아트라토강 사건에서 같은 결론에 도달했다. 법원은 "아트라토강은 권리의 주체이며, 그 의미는 보호·보존·유지·회복을 포함한다"라고 판시하며 지역 원주민 공동체를 '수호자'로 지정했다. 이러한 접근은 자연을 단순한 소유물이 아닌, 공동체의 신탁자산으로 보는

---

[34] Te Awa Tupua(Whanganui River Claims Settlement) Act 2017, New Zealand Parliament, s. 14-15.

관점으로 이어진다. 한국 민법 제98조(물건의 정의)도 생태헌법적 관점에서 재검토할 여지가 있다.

계약과 손해배상 책임 또한 확장될 필요가 있다. 기업이 계약을 이행하는 과정에서 생태계에 중대한 피해를 초래했다면, 그 피해는 단지 '공공 손실'이 아니라 '자연의 권리 침해'로 간주될 수 있다. 따라서 자연이나 그 대리인이 민사소송을 제기할 수 있는 제도적 장치, 예컨대 '생태적 손해배상(ecological damages)'이 마련되어야 한다.

(2) 형법: 자연에 대한 범죄를 어떻게 다룰 것인가?

형법은 오랫동안 인간의 생명과 재산, 사회 질서의 보호에만 초점을 두어 왔다. 환경 범죄는 주로 행정적 규제 위반으로 처리되었고, 자연 그 자체에 대한 침해는 별도의 법익으로 다뤄지지 않았다. 그러나 생태법학은 자연은 스스로 권리의 주체이므로, 그 파괴는 단순한 위반 행위가 아니라 생명 공동체에 대한 범죄라고 본다. 생태계의 파괴는 단순한 규제 위반이 아니라, 생명의 질서를 해치는 윤리적 폭력이다. 이 관점은 단순히 도덕적 선언이 아니라, 형법상의 책임으로 발전할 가능성을 보여준다.

2021년 '생태계 파괴 범죄의 법적 정의를 위한 독립 전문가 위원회(Independent Expert Panel for the Legal Definition of Ecocide)'는 '에코사이드(ecocide, 생태계 파괴 범죄)'를 다음과 같이 정의했다. "인간의 행위로 인해 심각하고 광범위하며 장기적인 환경 파괴가 발생했고, 행위자가 그 위험을 인식하고 있었음에도 이를 수행한 경우, 그 행위는 국제 범죄로 간주된다."[35] 이 정의는 집단 학살(crime of genocide), 전쟁 범죄(war crimes), 반인도 범죄(crimes against humanity)와 나란히, 자연에 대한 범죄를 국제형사재판소(ICC)가 다룰 수 있는 범주로 끌어올리려는 시도였다.

프랑스는 이미 2021년 형법 개정을 통해 이러한 개념을 부분적으로 수용했다. '심각하고 지속적인 환경 손상을 초래한 자'를 형사 처벌할 수 있도록 하여, 동물 학대나 생태계 파괴를 자연 자체의 피해로 간주하는 새로운 법질서를 열었다.[36] 예컨대 인도 보팔 가스 누출 사건(1984)은 약 25,000명의 사망자를 낳고 주변 생태계를 장기간 오염시켰다. 그러나 기존 법체계는 이를 '인명 피해 중심'으로만 평가했다. 생태법학적 관점에서 보면, 이 사건은 인간뿐 아니라 '자연 자체에 대한 범죄', 즉 에코사이드의 전형적인 사례로 해석될 수 있다.

결국 생태법학이 제시하는 방향은 명확하다. 법은 인간의 피해뿐 아니라 숲, 강, 바다, 동물과 같은 비인간 존재들의 고통과 파괴도 함께 고려해야 한다. 그럴 때 비로소 법은 인간과 자연이 공존하는 정의로운 질서, 즉 생태적 정의를 실현할 수 있을 것이다.

---

35) Independent Expert Panel for the Legal Definition of Ecocide, Stop Ecocide Foundation, 2021, Official Definition Report, §§2-4.
36) Code pénal français, art. L. 231-3(Loi n° 2021-1104 du 22 août 2021 relative à la lutte contre le dérèglement climatique et le renforcement de la résilience).

(3) 한국에서의 적용 가능성과 한계

한국의 법제도는 여전히 인간 중심적 사고에 뿌리를 두고 있다. 민법은 재산과 권리관계를 철저히 인간의 소유와 계약을 기준으로 구성하고 있으며, 형법 또한 피해 개념을 인간의 생명·신체·재산에 한정한다. 물론 환경 관련 개별 법률은 다수 존재하지만, 민법과 형법이라는 기본 체계 내부에서 자연의 권리를 중심에 두고 이를 재구성하려는 시도는 거의 이루어지지 않았다.

이러한 한계 속에서도 몇 가지 입법적 경로를 모색할 수 있다. 예를 들어, 민법에는 자연을 단순한 소유물이 아닌 '공익적 생태자산'으로 규정하는 특별 조항을 신설할 수 있다. 이는 숲이나 강과 같은 생태적 기반 시설을 개인의 재산권에만 종속시키지 않고, 공공적 차원에서 보호해야 할 대상으로 인식하는 전환이 될 것이다. 형법 영역에서는 오염이나 개발로 인한 피해를 단순히 인간에게 미친 손해로 환원하지 않고, 자연 자체에 발생한 훼손을 독립된 피해 개념으로 인정할 필요가 있다. 더 나아가 생태계 보호와 관련해서는 가해자의 고의나 과실 여부를 따지지 않고 책임을 지우는 '무과실 책임' 원칙을 강화함으로써, 생태계 회복을 우선하는 제도적 장치가 마련될 수 있다. 또한 기후위기와 직결되는 행위, 예컨대 대규모 온실가스 배출이나 불법 벌목과 같은 행위에 대해서는 형사 책임을 확대하여 억제력을 높일 수 있을 것이다.

결국 민법과 형법은 더 이상 인간만을 위한 규범 체계에 머물러서는 안 된다. 생태법학은 이 두 체계의 윤리적 기초를 근본적으로 재검토하고, 자연의 권리를 실질적으로 보호할 수 있는 새로운 법적 구조를 요구한다. 이는 단순히 법의 언어를 수정하는 작업이 아니라, '법을 통해 누구를 보호할 것인가'라는 근본적 질문에 대한 전면적 답변을 요구하는 시도이다. 바로 이 지점에서, 한국 법체계의 개혁은 생태헌법적 전환을 향한 첫걸음이 될 수 있다.

4 기업법과 생태법학: 지속 가능한 기업 규제

현대 자본주의 사회에서 기업은 단순히 이윤을 창출하는 경제 주체로 머물지 않는다. 거대한 자원 소비와 환경적 영향력을 행사하는 기업은, 법적으로 강력한 인격과 권리를 보장받으면서도 자연을 오랫동안 자원과 생산의 대상으로만 다루어 왔다. 생태법학은 이 불균형을 비판하며, 기업법 또한 생명과 생태계를 고려하는 새로운 패러다임으로 전환되어야 한다고 주장한다. 즉, 기업을 단순한 이윤 추구의 주체가 아니라 책임 있는 (기업) 시민(Responsible Citizen)으로 재정의하고, 생태적 의무를 기업의 법적 구조 속에 내재화해야 한다는 것이다.

전통적인 법은 기업에 법인격을 부여하면서 계약 체결, 자산 보호, 파산 시 면책 등 다양한 권리와 특권을 제공해 왔다. 그러나 삼림이나 강과 같은 자연은 독립적인 인격을 인정받지 못해 스스로 법정에서 권리를 주장할 수 없었다. 기업은 스스로 소송을 제기하거나 방어할 수 있지만, 자연은 대리인을 통해서만 목소리를 낼 수 있었다. 이는 법이 인간이 만든 조직체에는 권리를 부여하면서도, 실제로 더 광범위하고 근본적인 존재인 자연을 여전히 '목소리 없는 객체'로 취급해 온 아이러니를 드러낸다.

생태법학이 제안하는 기업 규제의 방향은 이러한 불균형을 바로잡는 데 있다. 기존 기업법이 이윤 극대화를 중심 가치로 삼았다면, 앞으로는 생태적 공공성을 내재화해야 한다. 환경영향평가가 개발 이후의 사후 절차에 머무는 것이 아니라, 사업 착수 전부터 생태권 침해 여부를 사전적으로 검토하고 방지하는 의무로 강화되어야 한다. 또한 기업의 책임은 단순히 금전적 배상에 국한되지 않고, 훼손된 환경을 복원할 법적 의무를 포함해야 한다. 더 나아가 경영의 중심을 주주만이 아니라 이해관계자 전체로 확대하고, 여기에는 지역 공동체와 생태계까지 포함되어야 한다. 생태법학은 다음과 같은 기업 규제의 전환을 제안한다.

생태법학적 기업 규제	
기존 기업법	생태법학적 전환
이윤 극대화 중심	생태적 공공성 내장
환경영향평가는 사후 절차	생태권 침해 사전 예방 의무화
민사적 배상책임 중심	회복적 책임(responsibility to restore) 포함
주주 중심 경영	이해당사자(Stakeholder) 중심 경영: 자연 · 공동체 포함
출처: 저자 작성	

이러한 전환은 국제적으로도 이미 시도되고 있다. 유럽연합의 〈지속가능 기업지배구조 지침〉(2022)은 기업이 의사결정 과정에서 기후와 생태 요소를 반드시 고려해야 한다고 규정했다. 콜롬비아 헌법재판소는 2016년 판결에서 기업의 환경 피해에 대해 단순한 배상뿐만 아니라 복원 의무와 지역사회와의 협의를 요구하며, 지속 가능한 경영으로의 전환을 촉구했다.

최근 주목받는 기업의 환경 책임(ESG) 역시 기업의 사회적 책임을 강화하는 중요한 흐름이지만, 생태법학은 그 한계를 분명히 지적한다. 기업의 환경 책임은 투자자 중심의 자율적 평가 지표에 머무는 경우가 많아, 실질적인 법적 구속력이 부족하다. 물론, 기업의 환경적 책임을 촉진하기 위한 새로운 규범적 언어이지만 그 실질은 여전히 투자자 중심의 평가 지표와 보고 체계에 제한되어 있다. 생태법학의 관점에서는 이는 '금융화된 생태 언어'이기 때문에, 기업의 생태적 책임을 제도화하려면 강제적 법규가 필요하다.

따라서 생태법학이 제안하는 기업법 개혁은 보다 근본적이다. 기업 이사에게는 주주 이익뿐 아니라 생태계의 장기적 건강을 고려할 생태적 신탁 책임(Ecological Fiduciary Duty)이 부여되어야 하며, 기업 회계에는 생태적 회계 도입(Ecological Accounting)을 통해 탄소 배출이나 생물 다양성 손실 같은 환경 비용이 명시적으로 반영되어야 한다. 환경 침해에 대해서는 벌금만이 아니라 실질적 복원 조치와 지역 공동체와의 협의 과정이 필수적으로 병행되어야 한다. 심각한 환경 범죄를 반복적으로 저지른 기업은 해산까지 명령받을 수 있어야 한다. 프랑스의 〈기업의 사회적 목적법(Loi Pacte)〉(2019)은 기업이 사회적·환경적 목표를 명시할 수 있도록 한 제도적 기반을 마련함으로써, 기업의 법적 목적 개념을 확장하려는 시도의 하나로 평가된다.[37]

오늘날 기업은 가장 강력한 법적 주체 중 하나이며, 동시에 생태위기에 책임을 져야 할 핵심 행위자이다. 생태법학은 단지 규제를 강화하는 수준을 넘어, 기업의 존재 목적 자체를 재정의하려 한다. 기업은 더 이상 단순한 경제 행위자가 아니라, 지속 가능한 생태 질서의 관리자로서 새로운 법적 지위를 가질 수밖에 없다.

5 생태법학의 제도화 과제와 정책 제안

생태법학은 단순한 비판적 이론에 머물지 않는다. 그것은 기후 위기, 생물 다양성 손실, 자원 고갈과 같은 인류 문명의 근본적 도전에 대응하기 위해, 법의 토대를 다시 세우려는 실천적 학문이

---

[37] "Loi n° 2019-486 du 22 mai 2019 relative à la croissance et la transformation des entreprises"(통칭 Loi Pacte)는 프랑스의 기업법 전반을 개혁한 법률로, 기업의 사회적·환경적 책임을 법적으로 강화한 것이 특징이다. 이 법은 프랑스 민법전(Civil Code) 제1833조와 제1835조를 개정하여, 모든 회사는 '공동의 이익(intérêt social)' 뿐 아니라 환경적·사회적 고려를 경영의 일부로 포함해야 한다고 규정했다. 또한 기업이 자신의 존재 이유(raison d'être)를 정관에 명시할 수 있도록 허용하고, 이를 실천하는 기업 형태로 '공익 기업(entreprise à mission)' 제도를 신설했다. 이러한 제도는 기업의 이윤 추구 목적을 넘어서 공동체적 가치와 생태적 책임을 기업의 법적 정체성에 통합하려는 최초의 시도로 평가된다.

다. 그러나 이러한 이론이 실제 법제도로 구현되기 위해서는 헌법, 입법, 사법, 행정, 국제 협력, 교육 등 다층적 차원에서 구조적 장치가 마련되어야 한다. 아래에서는 생태법학을 제도화하기 위한 핵심 과제와 정책적 제안을 단계별로 정리한다.

(1) 헌법과 기본법 차원의 개혁

생태법학은 자연을 단순한 객체가 아닌, 권리의 주체로 전환할 것을 요구한다. 이를 위해 가장 먼저 다뤄야 할 과제가 헌법과 기본법 개정이다.

① 생태헌법 조항 삽입

에콰도르 헌법(2008)은 세계 최초로 '파차마마(Pachamama, 대지 어머니)'가 존재하고 존중받을 권리를 가진다고 선언했다. 헌법에 "자연, 즉 파차마마(Pachamama)는 존재하고 유지되며 재생될 권리를 가진다"는 조항을 삽입하고, 정부는 그 수탁자(trustee)임을 명시하는 방법이 있다.

② 기본법으로서 '자연의 권리법' 제정

볼리비아는 2010년 〈어머니 지구의 권리법(Ley de Derechos de la Madre Tierra)〉을 제정하여, 자연을 하나의 법적 주체로 인정하고 그 보호를 위한 절차를 구체적으로 규정했다. 이 법은 공익적 차원에서 누구나 침해 행위를 신고할 수 있도록 하고, 훼손된 생태계의 복원을 명령하며, 지역 공동체가 의사결정 과정에 참여할 수 있는 협의 구조를 마련했다. 이처럼 〈자연의 권리법〉은 단순한 환경 보호법을 넘어, 자연을 권리의 주체로 인정하는 헌법적 원칙을 구체화한 기본법의 성격을 가진다. 한국을 비롯한 다른 국가들도 자연의 법적 권리를 실현하기 위한 별도의 기본법 제정을 적극적으로 검토할 필요가 있다.

(2) 입법 시스템과 행정 제도 개혁

자연의 권리를 보장하기 위해서는 입법·행정·사법 구조 전반의 생태화가 필요하다.

③ 수호자 제도(Guardian System) 법제화

뉴질랜드는 황가누이강을 법적 인격체로 인정하고, 마오리족 대표와 정부 대표가 공동으로 '강의 수호자' 역할을 수행하고 있다. 국내에서도 특정 생태계(강, 숲, 습지)에 대해 지방 공동체나 NGO가 대리인 역할을 수행하도록 법제화할 수 있을 것이다.

④ 생태 중심 환경영향평가 강화

기존의 환경영향평가(EIA)는 주로 개발 사업 이후의 환경 피해를 사후적으로 검토하거나, 경제적 타당성에 맞춰 분석이 이루어지는 경우가 많았다. 이에 따라 실제로는 기업의 개발 논리를 뒷받침하는 형식적 절차에 그친다는 비판을 받아왔다. 이에 비해 생태 중심 환경영향평가(Ecological Environmental Impact Assessment, E-EIA)는 평가의 출발점을 '개발 가능성'이 아니라 '생태계의 보전 가능성'에 둔다. 즉, 인간의 이익이 아니라 자연의 권리와 생태계의 회복력을 중심으로 환경영향을 사전에 평가하는 제도다. 생태 중심 환경영향평가의 핵심은 사전 예방 원칙이다. 생태계에 중대한 손상이 발생할 위험이 있거나 불확실성이 존재할 때는, 과학적 증거가 완전하지 않더라도 개발을 중단하거나 보류할 수 있어야 한다. 이러한 예방적 접근은 '나중에 복원하는 것보다, 미리 훼손을 막는 것이 더 합리적이고 윤리적이다'라는 생태법학의 기본 원리에 근거한다. 따라서 생태 중심 환경영향평가는 단순한 행정 절차가 아니라, 자연의 권리를 보호하기 위한 사전적 법적 방어 체계로 기능해야 하며, 모든 개발 정책과 사업의 출발점에 '자연의 이익'을 먼저 고려하도록 하는 제도로 발전시켜야 한다.

(3) 사법 제도 내 수용과 권리 구제 강화

법원의 판결은 생태법학이 단순한 학문적 논의를 넘어, 실제 사회 속에서 작동하도록 만드는 핵심 통로이다. 따라서 생태법학은 실체 규정(substantive norms)과 절차 규정(procedural norms)의 두 축으로 발전해야 한다. 먼저, 실체 규정은 자연의 권리와 생태계의 보전을 실질적으로 보장하는 법적 근거를 마련하는 것이다. 예를 들어, 헌법이나 기본법 수준에서 "자연은 존재하고 유지되며 재생될 권리를 가진다"는 조항을 명문화하면, 이는 모든 하위 법률의 해석과 적용에 영향을 미치는 근본 규범으로 작용한다.

그러나 실체 규정만으로는 충분하지 않다. 생태계가 피해를 보거나 위해를 받을 때, 신속하고 실효적인 구제 수단이 함께 마련되어야 한다. 즉, 생태법학의 실현은 절차적 장치가 얼마나 잘 작동하느냐에 달려 있다. 헌법상 보호 소송, 민중의 소, 환경 소송, 그리고 일반 민사·형사 절차 속에서도 생태계 보호를 위한 즉시적 구제 제도가 보장되어야 한다. 예컨대, 콜롬비아의 '헌법 보호 소송(Acción de tutela)' 제도나 에콰도르의 '헌법 보호 소송(Acción de protección)'은 자연의 권리가 침해되었을 때 누구나 신속하게 구제를 청구할 수 있는 절차를 제공한다. 이러한 제도는 생태권을 선언적 규범에 머물게 하지 않고, 실제로 법정에서 작동하게 만드는 핵심적 장치이다.

브라질의 경우도 주목할 만하다. 브라질 헌법은 환경 보호를 공공의 의무로 규정하고 있으며, 이를 실현하기 위해 환경 전담 검사(Environmental Prosecutor) 제도를 운용한다. 검찰 내에는 환경, 소비자, 노동 등 특별 분야를 담당하는 검사가 존재하며, 이들은 공익을 대표하여 공익 민사 소송(Ação Civil Pública)을 제기할 수 있다. 이러한 집단 공익 소송 제도는 대규모 환경 피해나 생태계 훼손 사건에서 신속하고 효과적으로 대응할 수 있는 법적 기반을 제공한다.[38]

---

38) 브라질은 헌법상 환경을 '확산적 권리(direito difuso)'로 규정하고, 검찰(Ministério Público)에 환경 침해 사건을 수사하고 제소할 수 있는 강력한 권한을 부여하고 있다.

따라서 생태법학의 발전을 위해서는 헌법상 자연권 규정과 더불어, 공익·소송, 집단 소송, 환경 검찰 제도, 법률 구조 지원 제도 등 실효적 절차를 포괄하는 체계적 사법 인프라가 필수적이다.

⑤ 생태 소송 제도화 및 공익 소송 확대

콜롬비아 헌법재판소는 아트라토강에 법적 인격을 인정하고, 지역 공동체에 복원 권한과 책임을 부여했다. 이처럼 법원이 생태계의 권리를 직접 인정할 수 있으려면, 공익 소송과 집단 소송의 활성화가 전제되어야 한다. 자연을 대신해 소송을 제기할 수 있는 법정 대리인 제도, 그리고 경제적 약자를 위한 생태 법률 구조 지원 제도(Ecological Legal Aid System)의 도입도 검토할 필요가 있다.

⑥ 생태 판사 혹은 생태 전문 법원 신설

환경 사건은 단순한 법률 문제에 그치지 않는다. 생물학, 생태학, 기후과학, 지역 공동체의 전통 지식 등 다양한 요소가 결

검찰은 민사수사(Inquérito Civil Público)와 공익 민사 소송(Ação Civil Pública) 제소, 그리고 법원 외 이행 합의(Termo de Compromisso de Ajustamento de Conduta, 이하 TAC)를 통해 환경 침해 사건을 신속하게 해결할 수 있다. 브라질 검찰은 환경 침해 사건을 접수하면 자체 수사를 통해 증거를 확보한 뒤, 가해자에게 이행 합의(TAC)를 제안하거나 공익 민사 소송(ACP)을 제기한다. 합의금과 배상금은 '환경 복원 기금(fundo)'에 적립되어 침해된 환경의 복원에 사용된다. 이러한 구조는 회복적 정의(Restorative Justice)의 원리를 부분적으로 제도화한 것으로 평가된다. 이 제도는 환경 사건을 형사적 단속 차원을 넘어 사회적·생태적 회복의 절차로 발전시킨 것으로, 브라질 검찰이 사실상 환경 보호의 핵심 주체로 기능함을 보여준다. 자세한 내용은 다음을 참조할 것. 조희문,「환경집단소송의 이론적 모델과 브라질 검찰의 역할」,『포르투갈-브라질연구』제15권 제2호, 2018, 239-264쪽.

합되어 있다. 따라서 기존의 일반 법원이 아닌, 생태 전문 법원(Ecological Court) 또는 생태 판사 제도(Ecological Judge System)를 신설하여, 이러한 사건을 전문적으로 심리할 수 있도록 해야 한다. 이 제도는 단순히 환경 분쟁을 처리하는 것이 아니라, 자연의 권리를 법적으로 구현하는 '생태 정의'의 사법적 통로가 될 것이다. 결국 생태법학의 성공은 법전 속의 조문이 아니라, 법정에서의 실천으로 완성된다.

(4) 국제 협력과 글로벌 거버넌스

기후위기, 생물 다양성 손실, 해양 오염과 같은 생태 문제는 한 국가의 노력만으로 해결할 수 없다. 대기, 강, 바다, 생태계는 모두 연결되어 있으며, 어느 한 지역의 파괴가 곧 전 지구적 위기로 이어진다. 따라서 생태법학의 실질적 제도화를 위해서는 국제적 협력과 거버넌스의 구축이 필수적이다.

⑦ '국제 생태법원' 설립 및 유엔 협약 개정
현재 국제사법재판소나 국제형사재판소는 환경 파괴나 생태 범죄를 직접적으로 다루기 어렵다. 이에 따라, 국제 사회에서는 생태계 파괴 행위를 독립된 국제법 위반으로 다루는 '국제 생태법원(International Ecological Tribunal)' 설립 논의도 필요하다. 이 법정은 기후변화, 삼림 파괴, 해양 오염, 대규모 생물종 멸종 등 인류 전체에 영향을 미치는 사건에 대해 국가나 기업의 국제적 책임

(accountability)을 명확히 하는 역할을 하게 될 것이다. 또한, 기존의 〈생물다양성협약(CBD)〉과 〈기후변화협약(UNFCCC)〉 등 유엔 협약에 자연의 권리(Rights of Nature)를 명시하도록 개정하는 논의도 함께 이루어져야 한다. 이러한 개정은 환경 보호를 '정책 권고'가 아닌 법적 의무(legal obligation)로 격상하는 계기가 될 것이다.

⑧ 국경을 초월한 생태권 보호 메커니즘

지구 생태계는 국경으로 구분되지 않는다. 아마존의 산림 파괴, 안데스의 빙하 후퇴, 오세아니아의 산호 백화 현상은 모두 인접국뿐 아니라 지구 전체의 생태적 균형에 영향을 미친다. 따라서 브라질, 콜롬비아, 페루 등 아마존 유역 국가들이 공동으로 가칭 〈아마존 생태계 보호 협약(Amazon Ecological Pact)〉을 체결하여, 삼림 파괴, 불법 채굴, 수자원 오염 등에 대응하는 초국가적 보호 메커니즘을 마련할 필요가 있다. 이 협약은 각국의 환경법과 형사법을 조정하여, 아마존 생태계 전체를 하나의 법적 공동 유산(legal ecological commons)으로 간주하고, 공동 감시·공동 복원·공동 처벌 체계를 도입하는 방향으로 발전할 수 있다. 결국, 생태법학의 완성은 국내 입법의 성취만으로 이루어지지 않는다. 생태계의 경계를 넘어선 지구적 법질서(Global Ecological Order)의 구축이야말로, 생태세(Ecocene) 시대의 법이 지향해야 할 최종 단계일 것이다.

(5) 교육, 문화, 시민사회 연계 제도

법이 바뀐다고 해서 사회가 곧바로 변하는 것은 아니다. 법의 전환이 실질적인 힘을 가지려면, 시민의 인식과 문화가 함께 변해야 한다. 생태법학은 제도만이 아니라, 사회의 가치관과 생활양식 전반의 변화를 요구한다. 법의 전환은 결국 사회적 인식의 변화와 맞물려야 실효성을 갖는다.

⑨ 생태법 교육 및 문화 확산

생태법학은 전문 법률가의 영역에 머물러서는 안 된다. 학교와 사회 전반에서 자연과 생태의 권리를 '공동체의 윤리'로 받아들이는 문화가 형성되어야 한다. 이를 위해 법학 교육과정에 생태법학, 생명윤리, 지속가능발전법 등을 도입하고, 초·중등 교육에서도 기후정의, 세대 간 정의, 자연의 권리 개념을 다루는 '생태 시민교육(Ecological Citizenship Education)'이 이루어질 필요가 있다.

또한 박물관, 미술관, 지역 축제 등 문화 공간에서 '생태예술(Eco-Art)'과 같은 공공 프로그램을 통해 시민이 자연의 권리 개념을 체감할 수 있도록 확산해야 한다. 이러한 문화적 접근은 생태법학을 일상 속 윤리로 자리 잡게 하는 중요한 토대가 될 것이다.

⑩ 지역 공동체와 시민사회의 연대

생태법학은 중앙정부 주도의 제도화만으로는 완성되지 않는다. 지방정부와 시민사회가 함께 참여하는 '풀뿌리 법 제도(Local

Ecological Governance)'가 병행되어야 한다. 예컨대, 지역 단위에서 '자연 권리 헌장(Local Charter of Nature's Rights)'을 제정하고, 시민이 직접 참여해 강, 숲, 하천 등의 생태 자산을 관리·보호하는 시스템을 구축할 수 있을 것이다. 이처럼 지역 차원의 제도화와 시민 참여는 법과 사회를 연결하는 '살아 있는 생태민주주의(living ecological democracy)'의 기초가 된다.

결국 생태법학의 제도화는 환경법의 단순한 확장이 아니다. 그것은 인간 중심의 법질서를 넘어, 모든 생명 존재가 함께 공존하는 '다원적 생명 공동체의 질서'를 법 안에 새로이 담아내려는 시도이다. 이를 실현하기 위해서는 강력한 제도적 장치만큼이나 유연한 법 해석과 시민의 적극적 참여가 필요하다. 법이 생태계를 지키는 울타리가 되고, 시민이 그 법의 실천자가 될 때, 비로소 생태법학은 사회 속에서 살아 숨 쉬게 된다. 그것이 생태세 시대에 법이 맡아야 할 새로운 역할이다.

제8장
한국에서의 생태헌법적 전환: 법원 판례와 헌법재판소의 역할

21세기 인류가 직면한 생태위기는 단순한 환경 문제를 넘어 문명적 위기의 국면에 있다. 지구온난화, 생물 다양성의 붕괴, 자원 고갈은 근대 법질서가 전제한 인간 중심적 세계관과 개발주의적 패러다임의 한계를 드러내고 있다. 이러한 배경에서 생태법학은 법의 근본 목적을 인간 중심의 질서 유지에서 지구 생명 공동체 전체의 존속과 조화로 확장하려는 이론적 전환을 지향한다.

라틴아메리카는 이미 이러한 패러다임 전환을 제도화한 선도적 사례를 보여왔다. 에콰도르 헌법(2008)은 세계 최초로 자연(Pachamama)의 권리를 명문화했고, 볼리비아(2010)는 〈어머니 지구법(Ley de Derechos de la Madre Tierra)〉을 제정했다. 콜롬비아 헌법재판소는 2016년 아트라토강 판결에서 강을 '생명 공동체'로 인정하고 국가에 복원 의무를 부과함으로써 생태헌법주의(Eco-Constitutionalism)의 실질적 모델을 제시했다.

한국은 아직 명문상 '자연의 권리'를 규정하지 않고 있으나, 헌법 제35조(환경권)와 제10조(인간의 존엄과 가치)에 기초하여 법원은 점차 인간의 환경 이익을 넘어 자연 그 자체의 존속 가치를 고려하는 해석을 발전시켜 왔다. 그러나 한국 법원의 환경 판례는 인간의 생존권 보장을 넘어, 자연의 존재 가치에 대한 법적 승인으로 진화하고 있다.

본 장은 이러한 논의를 토대로, (1) 한국 법원 판례에 나타난 자연 권리적 해석의 전개, (2) 법원의 적극적 역할과 사법적 수호자 기능, (3) 2024년 헌법재판소의 기후위기 결정이 제시한 생태헌법적 전환, (4) 향후 헌법 개정과 제도화 가능성을 검토한다.

1 한국 법원 판례에 나타난 자연 권리적 해석의 발전[39]

(1) 환경권의 헌법적 위상과 확장

한국 헌법 제35조 제1항은 "모든 국민은 건강하고 쾌적한 환경

---

[39] 다음의 논문을 바탕으로 작성되었으니, 자세한 내용은 논문을 참조할 것. 조희문, 「한국법원판례에 나타난 자연권리와 법원의 역할」, 《강원법학》 68, 2022, 445-479쪽.

에서 생활할 권리를 가진다"고 규정하며, 제2항은 "국가는 환경 보전을 위하여 노력하여야 한다"고 명시하고 있다. 헌법재판소는 1989년 결정(89헌마214)에서 환경권을 "인간의 생존과 직결되는 기본권으로서, 국가의 환경 보전 의무와 불가분의 관계에 있다"고 판시한 바 있다. 그러나 초기 판례는 환경권을 주로 '인간의 이익 보호'로 한정했으며, 자연 자체의 내재적 가치에 대한 고려는 미약했다. 이러한 경향은 2000년대 중반부터 변화를 맞이한다. 대법원은 새만금 간척 사업 소송(대법원 2006두1287, 2006.7.28.)에서 "환경은 단순한 개발의 수단이 아닌 공익의 본질적 구성 요소이며, 행정청은 개발과 보전의 조화를 고려하여야 한다"고 판시했다. 이는 환경을 인간의 이용 대상에서 '공동체적 가치'로 재정의한 판결로 평가된다.

(2) 자연 권리에 대한 한국 법원의 주요 판례 검토

한국의 경우 자연 권리에 관련된 법원 소송은 신자유주의의 영향으로 대규모 개발 사업이 진행되면서 시작되었다. 서해안 간척 사업을 통해 부족한 토지를 확보하려는 간척 사업은 천연자원인 갯벌을 없앰으로써 공생 관계에 있는 생태계를 파괴했다. 환경 보호 운동가들과 환경 시민 단체 그리고 법조인 등이 주축이 되어 사회 운동뿐만 아니라 법원 소송을 통해 환경 파괴의 문제제기를 한 것이다.

사회 운동에서 법원 소송으로 투쟁의 장을 확대하는 것은 새로운 경향으로, 전 세계에서 발생하는 환경 소송의 확산적 비교법적 학습 효과로 볼 수 있다. 환경 단체들은 꾸준하게 환경 보호를 위한 사회적 투쟁 방식을 공유하고 환경 소송의 법리도 교류하면서 이론과 행동을 동시에 발전시키고 있다. 소송을 통한 꾸준한 주장은 그것이 누적되면서 하급 법원을 출발점으로 법원의 태도에 선한 영향력을 미치기 때문에 아주 중요한 법원 행동주의라 하겠다.

아래의 표는 자연 권리와 직간접적으로 관련된 6개 소송을 정리한 것이다. 새만금 사건과 고래 불법 포획 사건을 제외한다면 동물이 원고가 된 사건은 4건이며 법원이 원고인 동물의 소송 당사자 적격성을 인정한 사건은 하나도 없다. 4건은 도롱뇽, 충주 황금박쥐, 검은머리물떼새 및 오대산 산양 등 모두 천연기념물이나 멸종 위기종이다. 멸종 위기의 생물종을 원고로 내세워 법적 주체성을 요구한 것은 한국의 문화 정서를 반영한 것으로 소송을 통한 환경 운동은 앞으로도 꾸준하게 지속될 것이다. 마치 인디언 기우제처럼 법원이 자연 권리를 인정할 때까지 꾸준하게 법원 문을 두드릴 것이다.

한국 법원의 생태 중심주의적 주요 판결				
사건	법원	소송	원고와 피고	자연 권리 관련 판결 요지
새만금 사건	대법원 2006. 3. 16. 선고, 2006두330판결	정부 조치 계획 무효 청구 소송	거주민과 그 외 지역 거주자인 3,539명 vs. 농림부장관	자연 권리 소송은 아니지만, 소수 의견에서 생태 중심적 의견 명시

사건	법원/사건번호	소송 내용	당사자	판결
도롱뇽 사건	대법원 2006. 6. 2., 자, 2004마1148, 결정	서울-부산 경부고속철도의 구간 중 13공구 내의 원효터널 공사(13.5km)의 공사 금지 가처분	도롱뇽과 그 대변인 도롱뇽의 친구들 vs. 한국철도 시설공단	사건 각하. 자연물인 도롱뇽 또는 그를 포함한 자연 그 자체에 대하여 당사자 능력을 인정하고 있는 현행 법률이 없고, 이를 인정하는 관습법도 존재하지 아니한다.
충주 황금박쥐 사건	청주지방법원 2008. 11. 13, 선고 2007구합1212 판결	가금-칠금간 도로 확장, 포장공사 도로구역 결정 처분 등 무효 확인 소송	황금박쥐 외	사건 각하. 어떠한 법령에도 동물을 비롯한 자연물 그 자체에 대해 당사자 능력을 인정하고 있는 규정이 없고, 이를 인정하는 관습법도 존재하지 않는다.
검은머리 물떼새 사건	서울행정법원 2010. 4. 23. 선고 2008구합29038 판결	복합화력발전소 공사계획 인가 처분에 대한 취소 또는 무효 확인을 구하는 소	검은머리 물떼새 외 286인	
오대산 산양 사건	서울행정법원 2019.		산양 28마리와 이해관계인	청구 각하. 원고인 산양들의 소송 당사자 자격이 없다.
고래 불법 포획 사건	울산지방법원 2020고단3057	어부		우리가 고래를 보호해야 할 이유는 단지 고래가 멸종 위기종으로써 이들을 보호해야 한다는 도덕적 가치에만 있는 것이 아니라 지구온난화로 인한 이상 기후변화 및 위기를 저지하여 미래 세대의 인류 생존에 기여하고, 인간이 고래를 비롯한 다른 생명체와 같이 지구에서 공존하는 데 필요한 것이다.

출처: 저자 구성

① 새만금 사건과 고래 불법 포획 사건

새만금 사건과 고래 불법 포획 사건은 자연 권리와는 직접 관련이 없으나 법원 판결이 생태 중심이나 생물 중심주의에 관해 가진 입장을 엿볼 수 있다(대법원 2006. 3. 16. 선고, 2006두330 판결). 새만금 사업은 1991년부터 시작된 단군 이래 최대 간척 사업이다. 2001년에 새만금 간척 사업 시행 인근 지역인 전북 군산시, 김제시, 부안군 거주민과 그 외 지역 거주자인 3,539명의 원고들이 피고 농림부 장관(피고 보조 참가인 전라북도 지사)을 상대로 정부 조치 계획 무효 청구 소송을 제기했다. 환경 이익과 개발 이익의 충돌로 1심인 서울행정법원에서는 새만금 사업을 취소하라는 원고 승소 판결을 내렸으나, 제2심과 대법원에서는 원고 패소, 즉 사업 진행 판결을 내렸다.

환경 보호와 개발 이익의 충돌과 관련된 주요 쟁점은 다음과 같다. 첫째, 헌법 제35조 제1항의 환경권 관련한 소송의 당사자 적격의 경우 대법원은 환경법의 사전 예방 원칙에 따라 제3자에 대한 원고 적격의 범위를 확대하는 경향이나 대형 국책 사업의 경우 오히려 그 범위를 매우 제한적으로 해석하는 입장이다. 둘째, 대형 국책 사업에서 환경 공익과 개발 공익이 충돌할 경우 대법원은 개발 이익 우위 입장이 강한 편이다.

그러나 대법관 김영란, 대법관 박시환은 비록 인간 중심주의 맥락이지만 대규모 개발 사업에서 환경 공익과 개발 공익의 충돌 시 판단 기준을 '의심스러울 때는 자연을 위해(In dubio pro nature)'라는 원칙[40]을 더 엄격하게 적용해야 한다는 입장의 반대 의견을 냈다.

1) 자연환경의 가치와 대규모 개발 사업

인류를 비롯한 지구상의 모든 생명체는 지구라는 환경에 기초하여 생존하고 있다. (……) 간은 강한 것 같지만 이와 같이 지극히 취약하고 지구 환경에 전적으로 생존을 의탁하고 있다. 그런데도 인간은 아직 지구 환경이 인간의 생존에 미치는 영향을 아주 작은 일부밖에 알지 못하고 그 대부분은 알지 못하는 미지의 영역으로 남겨두고 있다. 이와 같이 인간의 생존에 절대적으로 영향을 미치는 지구 환경의 의미와 가치를 제대로 알지 못한 상태에서 함부로 환경을 변화시키는 것은 지극히 위험한 일이고 경우에 따라서는 자기 생존의 기반을 파괴하는 어리석은 일이다. 별문제 없을 것으로 생각하여 자연환경을 변화시킨 것이 나중에는 엄청난 악영향을 미치는 결과로 나타난 경우를 우리는 여러 번 경험하고 보아 왔다.

(……) 자연환경은 경제적 이익이나 금전적 가치와 동일한 평면에서 비교되고 대체될 수 있는 가치가 아니다. 물론 환경 변화를

---

40) 이 원칙은 "의심스러울 때는 자연을 위해"라고 해석되는 라틴어이며, 국제 환경법의 기본원칙인 사전 예방의 원칙(precautionary principle)을 잘 반영한다. 즉, 어떠한 활동이나 공사가 환경에 어느 정도 유해하고 이로 인해 얻는 이익의 형평이 불확실한 경우와 같이 판단을 하는 데 의심이 있는 경우에는 환경 보호의 입장에서 판단하라는 것이다. 에콰도르, 콜롬비아, 브라질 등 개발과 환경 보호가 자주 충돌하는 국가들의 경우 법원이 환경법의 범주에서 개발을 주장하는 측에 입증 책임을 부과하는 경우 자주 사용한다.

수반하는 대규모 개발 행위를 결정함에 있어서 희생되는 환경의 가치를 포함한 손실과 개발로 인한 이득(편익)을 비교하여 결정하는 것이 부득이할 것이겠지만, 그 가치를 산정함에 있어서는 당시까지 밝혀진 환경의 기능과 효용 중 금전으로 환산할 수 있는 가치만을 평가하여 그 손실보다 이득이 큰 경우에는 환경을 희생시키는 것으로 개발 여부를 결정하는 방식은 허용되어서는 아니 된다. 환경의 가치 중 아직 밝혀지지 않은 부분이 많고 환경의 훼손이 인간의 생존에 심각한 영향을 미칠 수 있는 가능성이 항상 잠재하고 있다는 점을 고려하면, 환경의 변화나 훼손은 이를 감수하고서라도 반드시 확보하여야 할 필수불가결한 가치를 얻기 위한 것이거나 아니면 적어도 환경의 희생을 대가로 얻을 수 있는 가치가 월등히 큰 경우에만 허용될 수 있는 것이며, 그 경우에도 필요한 최소한의 범위 내에서만 훼손이 가능한 것으로 보아야 할 것이다.

(……) 따라서 우리 헌법이나 환경 관련 법령에서도 인류 생존의 토대를 이루는 자연환경을 무분별한 개발과 이용으로부터 보호하여야 한다는 시대적 요청을 반영하여, 자연 환경 보전의 가치가 개발에 따른 가치보다 우선적으로 보호되어야 할 가치임을 분명히 하고 있는 것으로 보아야 한다.

(……) 이 사건 새만금 사업과 같이 갯벌 등 생태계와 자연환경에 광범위하고도 심각한 영향을 미칠 대규모 개발 사업에서, 당초 예상하지 못한 중대한 사정 변경이 발생했는지 여부 및 처분을 취소하여 사업을 중단하는 것이 공익상 특히 필요한지 여부를 판단함에 있어서도 위와 같은 관점과 기준에 따라 자연 환경이 가지는

가치와 특수성을 우선적으로 배려하여 결정하여야 할 것이다.[41]

이와 같이 반대 의견은 환경의 변화나 훼손은 "이를 감수하고서라도 반드시 확보하여야 할 필수불가결한 가치를 얻기 위한 것이거나 아니면 적어도 환경의 희생을 대가로 얻을 수 있는 가치가 월등히 큰 경우에만 허용될 수 있는 것"이라고 하여 사전 주의 원칙을 강조했다.

반대 의견은 지속 가능한 발전 원칙과 '의심스러울 때는 자연을 위해' 원칙을 명확히 했다는 점에서 대법원이 개발 중심에서 환경 보호 중심으로 이전할 수 있는 가능성을 보여주었다. 인간 이익과 자연 이익의 충돌에서 인간에게 필수불가결한 가치나 환경 희생으로 월등히 큰 가치를 얻는 경우에 예외적으로 개발이 허용된다는 논리는 인간과 자연의 관계를 조화로운 공생 관계로 보고 인간이 필요한 만큼만 자연을 사용해야 한다는 사용 기준을 제시한 것이다. 개발 독재에 익숙한 한국 사회에 인간과 자연의 관계를 보는 관점의 변화를 강조한 것이다.

고래 불법 포획 사건(울산지방법원 2020고단3057)은 자연 권리에 직접 관련된 사건은 아니지만 생태 중심주의 논리가 보이는 판결이며 관심을 끄는 대목은 다음과 같다.[42]

---

41) 대법원 2006.3.16. 선고, 대법관 김영란, 대법관 박시환 반대 의견.
42) 울산지방법원 판결 2020고단3057, 2020고단4634(병합).

"우리가 고래를 보호해야 할 이유는 단지 고래가 멸종 위기종으로써 이들을 보호해야 한다는 도덕적 가치에만 있는 것이 아니라 지구온난화로 인한 이상 기후변화 및 위기를 저지하여 미래 세대의 인류 생존에 기여하고, 인간이 고래를 비롯한 다른 생명체와 같이 지구에서 공존하기 위하여 필요한 것이다. 고래를 포함하여 생태계를 구성하는 생물종들이 멸종 위험에 내몰리는 상황에서 인간만 독야청정 살아갈 수는 없다. 태양계에서 유일하게 생명체가 존재하는 지구의 자원은 유한하며, 인간 역시 다른 생물체들과 마찬가지로 지구를 공유하고 있는 존재라고 여겨야 한다. 지구에서 여러 생물체들이 살아가기에 위험한 환경이 조성되었다면 생명체인 인간도 위험한 환경에 노출되어 있는 것이다. 이미 해양 환경은 넘쳐나는 플라스틱, 화학 물질 쓰레기로 몸살을 앓고 있어 고래 등 해양동물들의 생존에 상당한 위협이 되고 있는 상황에서 다시 고래 포획이 허용된다면 고래 개체수의 회복 불가능한 감소는 현실화될 것으로 보인다. 그리하여 고래가 바다에게 사라지게 된다면, 그 바다는 여전히 인간에게 쓸모 있고, 유용할 것인지 의문이다."[43]

비록 인간중심주의적 법제의 한계 내에서 판결 논리를 전개했지만 생태 중심주의에 동의하는 입장을 보인 것이다. 지구 생태계에서 멸종 위기종인 고래를 보호해야 하는 도덕적 의무, 미래 세

---

43) 판결문 25면.

대에 대한 의무, 다른 생명체와의 공존 등 간접적이지만 지구 생태계 구성원들의 내재적 존재 가치를 언급하고 있다.

동 사건의 주심인 유정우 판사는 이미 동물보호법 위반 사건(울산지방법원 2019고단3906)에서 동물 학대에 대해 징역형을 선고하면서 그 이유로 모든 동물이 생태계에서 존재할 평등한 권리가 있다는 유네스코 〈세계동물권리선언〉을 인용하고 동물권을 인정하면서, "동물에 대한 보호와 학대 방지는 단지 인간이 만물의 영장이라는 지위에서 가지고 있는 도덕적 의식과 의무감에서 필요한 것을 넘어서서 전체 사회 구성원의 존중과 배려 및 보호라는 관점에서 인간 자신에게 필요한 것이다."라고 생물 중심주의적 입장을 보였다. 그리고 2018년 3월 20일에 개정된 〈동물보호법〉에서 제1조의 목적 조항에 '사람과 동물의 조화로운 공존'이 추가된 것을 생물 중심주의적으로 적극적으로 해석함으로써 현행법하에서도 법관의 식견에 따라 생태 중심주의적 접근도 충분히 가능함을 보였다. 마치 에콰도르 빌카밤바 사건에서 하급심인 로야(Loja) 법원이 헌법의 자연 권리를 적극적으로 인용하여 세간의 경종을 울린 것과 같다. 하급심에서 사회의 시대적 문제를 고민하고 해결하는 판례가 늘어날수록 대법원이나 헌법재판소도 사회적 요구에 더 관심을 갖게 될 것이다.

② 동물이 소송 주체가 된 사건들

동물이 소송 주체가 된 자연 권리 사건은 도롱뇽, 충주 황금박쥐, 검은머리물떼새 및 오대산 산양 등 총 4건이다. 모두 멸종 위기의 생물종을 원고로 내세워 법적 주체성을 요구한 것이다. 산이나 강과 같은 자연물 대신 동물을 소송 주체로 내세우는 이유는 한국의 문화 정서를 반영한 것이다. 자연물을 주체로 하는 소송이 나오기 전에 당분간은 동물을 소송 주체로 하는 환경 운동이 꾸준하게 나올 듯하다.

한국에서 자연 권리가 처음 제기된 사건은 2006년 도롱뇽 사건이었다. 서울-부산 경부고속철도의 구간 중 13공구 내에 있는 원효터널공사(13.5km)의 착공 금지 가처분 신청이었다. 신청인은 '도롱뇽과 그 대변인 도롱뇽의 친구들'이었고, 피신청인은 한국철도시설공단이었다.

도롱뇽의 원고 적격에 대하여, 1심과 2심 그리고 대법원은 원고 적격을 부인하여 가처분 신청을 각하했다. 대법원은 신청인 도롱뇽의 당사자 능력에 관하여 "원심 결정 이유를 기록에 비추어 살펴보면, 원심이 도롱뇽은 천성산 일원에 서식하고 있는 도롱뇽목 도롱뇽과에 속하는 양서류로서 자연물인 도롱뇽 또는 그를 포함한 자연 그 자체로서는 이 사건을 수행할 당사자 능력을 인정할 수 없다고 판단한 것은 정당하고, 위 신청인의 당사자 능력에 관한 법리 오해 등의 위법이 없다."[44]라고 단순 기재했는데 여기서 말하는 법리는 다음과 같다.

---

44) 대법원 2006.6.2.자 2004마1148, 1149 결정[공사착공금지가처분][공2006.7.15. (254),1240].

"당사자 능력이란 일반적으로 소송 당사자가 될 수 있는 소송법상의 능력(자격)을 말하는 것으로서 자기의 이름으로 재판을 청구하거나 또는 소송상의 효과를 받을 수 있는 자격을 말한다. 이러한 당사자 능력은 소송법상의 추상적이고 일반적인 관념이며 소송 사건의 성질이나 내용과는 관계없이 일반적으로 정해지는 능력으로서 어떠한 실체에 당사자 능력을 인정할 것이냐의 문제는 민사소송법 입장에서 독자적으로 결정된다.

민사소송법 제51조는 당사자 능력(當事者能力)에 관하여 민사소송법에 특별한 규정이 없으면 민법과 그 밖의 법률에 따르도록 정하고 있고, 같은 법 제52조는 대표자나 관리인이 있는 경우 법인 아닌 사단이나 재단에 대하여도 소송상의 당사자 능력을 인정하는 특별 규정을 두고 있다.

그러나 자연물인 도롱뇽 또는 그를 포함한 자연 그 자체에 대하여 당사자 능력을 인정하고 있는 현행 법률이 없고, 이를 인정하는 관습법도 존재하지 아니하므로 신청인 도롱뇽이 당사자 능력이 있다는 신청인 단체의 주장은 이유 없다. 따라서 신청인 '도롱뇽'의 이 사건 가처분 신청은 부적법하다."

법원의 판단은 자연물인 도롱뇽에 대한 당사자 능력은 법률이나 관습법을 보아서 판단해야 하는데 이러한 것이 한국 법률에는 존재하지 않는다는 논리이다. 법률의 존재 유무는 일견 쉽게 파악된다. 그런데 헌법 제35조 1항의 건강한 환경권을 어떻게 해석하느냐에 따라 자연물에 대해 자연 권리를 인정할 수도 있다.[45] 인도 대법원이 건강한 환경 없이는 인간의 존엄성을 갖고 살 수 없다고 한 맥락이다. 인간이 건강한 환경을 필요로 하듯 자연도 건강한 환경을 필요로 한다. 인도는 헌법 제51A조의 인도의 모든 시민이 숲, 호수, 강 및 야생동물을 포함한 자연환경을 개선하고 생물에 대한 연민을 갖는 규정을 갖고 법원은 갠지스(Ganga)강과 야무나(Yamuna)강에 대해 법인격을 부여했다. 이러한 헌법 조항이 실효성이 있으려면 강에게 법적 지위를 부여하는 것이 가장 효과적이라는 논리였다.

관습법에 관해서는 다양한 헌재 판례가 있다. 상속에 관한 관습법 위헌 소원에서[46] 헌재는 "관습법은 사회의 거듭된 관행으로 생성된 사회생활 규범이 사회의 법적 확신과 인식에 따라 법적 규범으로 승인되고 강행되기에 이르러 법원(法源)으로 기능하게 된 것이다."라고 정의 내렸다. 국제법의 국제 관습과 마찬가지로 반복된 관행과 사회의 법적 확신이 관습법의 형성 요건이고 관습법 여부는 법원이 판단하게 된다. 또한, 법의 일반 원칙에서 자연 권리를 찾아낼 수도 있다. 자연 권리가 여러 나라에서 받아들여지면 자연스럽게 자연 권리를 법의 일반 원칙에서 분석하려는 시도가

---

45) Elisabeth Lambert, *The Environment and Human Rights*, Strasbourg: Council of Europe. 이 보고서는 법 원칙이 인권과 환경의 상호작용에서 시대 변화에 따라 어떻게 변했는지를 보여주는데 방향성에 있어서 생태 중심적 접근 방식으로 이동하고 있다고 진단한다. 유럽인권법원이 '건강한 환경권'에 대한 〈유럽인권협약〉의 추가의정서 채택이 실패하면서 너무 보수적이고 시대에 뒤진 인간 중심적 접근 방식을 취한다고 비난한다.
46) 상속에 관한 관습법 위헌소원[전원재판부 2013헌바396, 2016.4.28.].

나타날 것이다.

충주 황금박쥐 사건(청주지방법원 2008.11.13. 선고 2007구합1212 판결)에서도 법원의 판단은 도롱뇽 사건과 동일한 법리를 취했다. 지역주민 47명과 황금박쥐 등은 도로 및 교량이 건설되면 충주시 쇠꼬지 폐갱도 내에 서식하는 황금박쥐 등이 생존 터전을 잃는 피해를 볼 것이라며 충주 시장을 상대로 가금-칠금간 도로 확장 포장공사 무효 확인 소송을 제기했다. 원고는 소장에서 "황금박쥐 등은 사람이 아닌 동물이지만 헌법 제10조 및 동물보호법의 규정에 비춰 자신의 존엄과 가치를 지킬 권리가 있다고 봐야 하기 때문에 당사자 능력이 인정된다"고 주장했다. 이에 대해 재판부는 판결문에서 현재 어떠한 법령에도 동물을 비롯한 자연물 그 자체에 대해 당사자 능력을 인정하고 있는 규정이 없고 이를 인정하는 관습법도 존재하지 않아 당사자 능력을 인정할 수 없고, 설사 당사자 능력을 인정하려고 해도 원고들이 주장하는 쇠꼬지 폐갱도 내에서는 여러 개체의 황금박쥐 등이 서식하고 있는데 어느 황금박쥐 등이 이 사건 소송을 제기하는 것인지 특정되지 아니하고 그 황금박쥐 등이 위 쇠꼬지 폐갱도 내의 황금박쥐 중 전부를 대표한다고 볼 수가 없다고 판단했다. 재판부의 논리는 도롱뇽 사건의 판결 논지와 차이가 없다. 법원이 어느 황금박쥐 등이 소송을 제기하는지 특정되지 않았다는 지적은 환경 소송의 집단성 특징을 무시하는 입장이다. 소송은 충주시 쇠꼬지 폐갱도 내 황금박쥐로 특정되어 있기 때문에 법원이 자연물 보호에 관심을 갖는다면 법원이 쇠꼬지 폐갱도라는 지리적 한정이나 그 일대의 황금박쥐로 자연 권리를 갖는 원고를 특정할 수도 있을 것이다.

검은머리물떼새 사건(서울행법 2010.4.23. 선고)47)은 검은머리물떼새 외 286인을 원고로 한 복합화력발전소 공사 계획 인가 처분에 대한 취소 또는 무효 확인을 구하는 소였다. 검은머리 물떼새의 원고 적격성과 관련하여 법원은 도롱뇽 사건과 충주 황금박쥐 사건의 논리와 마찬가지로 자연이나 자연물에 대하여 권리 능력이나 당사자 능력을 인정하는 법률 규정이나 관습법이 존재하지 않기 때문에 검은머리물떼새의 당사자 능력을 인정하지 않았다.

오대산 산양 사건(서울행정법원 2019 선고)은 가장 최근의 사건으로 2019년에 산양 28마리가 문화재청장을 상대로 오대산 케이블카 사업 허가를 취소하기 위한 소송으로 서울행정법원은 원고인 산양들의 소송 당사자 적격성을 인정하지 않았다.

2 헌법재판소의 기후변화 소송

(1) 사건 개요와 청구 요지

2024년 8월 29일 헌법재판소는 청소년과 환경 단체가 제기한 '기후위기 대응을 위한 국가 온실가스 감축목표 사건'에 대한 결

---

47) 검은머리물떼새 사건: 공사계획인가처분취소등[서울행법 2010.4.23., 선고, 2008구합29038, 판결: 확정].

정을 선고했다(헌재 2024. 8. 29. 2020헌마389 등). 청구인들은 정부의 온실가스 감축 정책이 헌법 제35조(환경권), 제10조(인간의 존엄), 제34조(사회적 기본권)를 침해했다고 주장했다. 청구인들은 〈탄소중립·녹색성장 기본법〉 제8조 제1항이 설정한 국가온실가스감축목표(NDC: Nationally Determined Contribution)가 과학적 근거에 부합하지 않으며, 정부가 기후위기 대응 의무를 다하지 않음으로써 현세대와 미래 세대의 생존권이 침해된다고 주장했다.

(2) 헌법재판소의 판단

헌법재판소는 "온실가스 배출량의 감축에 있어 현재 세대가 져야 할 책임을 미래세대에 전가하고 있으며, 기후변화에 대응하여 적절하고 효율적인 최소한의 보호조치를 취하지 아니하여 국가의 기본권 보호의무를 과소하게 이행함으로써, 청구인들의 생명권, 건강권, 평등권, 환경권, 재산권, 행복추구권 등을 침해한다."고 판단했다.[48]

이 결정의 핵심은 다음 세 가지이다.
① 기후위기의 헌법적 지위 확립: 헌법재판소는 기후변화를 '국가의 환경 보전 의무(제35조 제2항)'의 구체적 내용으로 해석하여

---

48) 헌재 2024. 8. 29. 선고 2020헌마389 등 결정, 판결문.

헌법적 사안으로 승격시켰다.

② 미래 세대의 권리 인정: 재판부는 "미래 세대의 생존을 침해하는 행위는 현재 세대의 헌법상 책임에 속한다"고 명시함으로써 세대 간 정의의 원리를 도입했다.

③ 국가의 적극적 의무 부과: 국가는 단순히 규제자가 아니라 기후위기 대응의 '작위 의무' 주체로서, 기후 정책 부재 자체가 헌법 위반이 될 수 있음을 천명했다.

(3) 결정의 의의

이 결정은 한국 헌법 재판사에서 최초로 생태헌법주의의 원리를 언급한 판례로, 기후위기를 단순한 정책 영역이 아닌 헌법적 의무의 영역으로 전환했다. 이는 독일 연방헌법재판소의 기후결정(2021년, BVerfG 1 BvR 2656/18)과 유사한 논리 구조를 보이며, 생태권을 기본권 체계에 편입할 이론적 기초를 마련했다.

3 헌법 개정을 통한 제도화 가능성

헌법 제35조 제1항은 "모든 국민은 건강하고 쾌적한 환경에서 생활할 권리를 가진다"고 규정하고 있으나, 이는 인간의 환경적 이익 보호에 초점을 둔 조항으로, 자연 자체의 권리 주체성까지는 포괄하지 못한다. 헌법의 환경 조항은 여전히 '인간의 삶의 질 향상'을 중심에 두고 있으며, 생태계의 자율적 존재 가치나 회복력(resilience)에 대한 고려는 미비하다. 이러한 한계는 기후변화, 생물다양성 붕괴, 토지·해양 오염 등 구조적 환경 위기 앞에서 헌법이 갖는 규범적 대응력을 약화시키고 있다. 따라서 생태헌법으로의 전환은 단순한 환경권 보완이 아니라, 헌법의 가치 체계를 재정렬하는 근본적 개혁으로 이해되어야 한다.

(1) 자연권 조항의 신설

헌법에 "자연은 그 존재와 생태적 순환을 유지할 권리를 가진다"는 조항을 신설하는 것은 생태헌법으로의 첫걸음이다. 이는 에콰도르 헌법 제71조를 직접적 모델로 삼을 수 있다. 해당 조항은 "자연, 즉 파차마마(Pachamama)는 존재하고 유지되며 재생될 권리를 가진다"고 선언함으로써, 자연을 더 이상 인간의 소유물이나 보호의 대상으로 한정하지 않고 헌법상 권리의 주체로 승격시켰다. 이러한 명문화는 단순한 선언이 아니라, 모든 공권력 행사의 한계 원리로 작동한다는 점에서 실질적 의미가 있다. 우리 헌법이 이를 수용한다면, 국가와 지방자치단체는 자연의 존재와 회복 가능성을 보전할 적극적 의무를 지게 되며, 모든 법률·정책은 생태적 합헌성(ecological constitutionality)의 기준에서 재검토되어야 한다.

(2) 생태 수호자 제도의 헌법화

현재 한국의 환경 소송 제도는 공익 소송이나 행정 소송의 틀 안에서 간접적으로 자연을 보호하고 있지만, 자연 그 자체를 직접 대리하는 절차적 주체는 존재하지 않는다. 그러나 법원의 복원 명령 제도, 환경 단체의 소송 참여 확대, 공익 소송의 활성화는 이미 사실상 '비공식적 생태 수호자(guardian)' 기능을 수행하고 있다. 헌법에 '자연의 수호자' 제도를 명문화하면, 국가 기관뿐 아니라 시민, NGO, 원주민 공동체 등이 자연을 대리할 법적 자격을 갖게 되며, 자연 권리 침해에 대한 헌법 소송이나 행정 소송 제기가 제도적으로 가능해진다.

콜롬비아 헌법재판소의 아트라토강 판결은 이러한 수호자 제도의 헌법화 방향을 잘 보여준다. 재판소는 아트라토강을 '생명 공동체의 주체이자 헌법상 권리 보유자'로 선언하고, 정부 기관과 지역 공동체 대표를 공동 수호자로 지정했다. 뉴질랜드의 황가누이강 판결(2017) 또한 마오리족의 전통 법과 국가법을 결합하여 강에 법인격을 부여하고, 공동 대표 제도를 도입했다. 이러한 제도는 한국에서도 공익 신탁(public trust) 모델과 결합하여 실질적 절차적 권리 보호 장치로 발전할 수 있을 것이다.

(3) 기후헌법의 도입과 생태국가 원리로의 전환

기후변화가 인류 생존을 위협하는 현실적 위기로 부상함에 따라, 헌법 차원에서 기후행동의 작위 의무(duty to act)를 명문화해야 한다는 요구가 강화되고 있다. 기후헌법은 단순한 환경 정책의 방향이 아니라, 헌법적 가치와 국가의 존재 목적을 재규정하는 규범이다. 독일 연방헌법재판소는 2021년 〈기후보호법〉 소송에서 "2030년 이후 온실가스 감축 목표의 부재는 미래 세대의 기본권을 침해한다"고 판시하며, 국가의 기후 정책이 세대 간 정의를 보장해야 할 헌법적 의무임을 명확히 했다. 이 판결의 흐름은 2024년 한국 헌법재판소의 기후변화 결정에서도 이어졌다. 헌법재판소는 국가가 온실가스 감축 목표를 설정하고 실현하기 위한 구체적 계획을 수립할 헌법상 작위 의무를 지닌다고 보았다. 또한 기후위기가 단순한 행정 정책의 영역을 넘어, 국민의 생명권·건강권·환경권을 동시에 침해할 수 있는 구조적 위험임을 인정했다. 이 결정은 한국 법질서에서 기후 의무의 헌법적 승인이라는 새로운 전기를 마련했으며, 향후 헌법 개정 시 '기후 안정(climate stability)' 또는 '탄소 중립(carbon neutrality)'을 헌법상 국가 원리로 명시할 근거를 제공했다.

결국 이러한 흐름은 국가의 정체성을 '경제 성장 국가'에서 '생태 국가(Ecological State)'로 전환하는 규범적 토대가 된다. 생태 국가 원리는 환경권의 보호를 넘어, 생태적 지속 가능성을 헌법의 기본 가치로 내재화하는 이념적 전환이다. 국가의 모든 입법·행정·사법 작용은 기후·생태계의 한계 내에서만 정당성을 갖게 되며, 이는 보셀만이 말한 '지속 가능성의 헌법 원리(The Principle of Sustainability as a Constitutional Principle)'의 한국적 구현이라 할 수 있다.

(4) 생태헌법으로의 귀결

이와 같은 헌법적 재구성은 단순한 조항 추가나 법률 보완의 차원을 넘어, 새로운 사회계약의 체계적 정립을 의미한다. 생태헌법은 인간 사회와 자연 생태계가 공존할 수 있는 법질서를 구축하려는 규범적 실험이며, 국가의 권력 행사를 생태적 한계 내에서 재조정하려는 시도이다.

요컨대, (1) 자연 권리 명문화, (2) 생태 수호자 제도의 헌법화, (3) 기후행동의 작위 의무 도입이라는 세 축은 한국 헌법이 생태 문명 시대에 걸맞은 구조적 전환을 이루기 위한 핵심 제도적 과제이다. 이러한 개정은 법이 인간 중심의 문명적 언어에서 벗어나, 자연의 언어를 번역하는 도구로 재탄생하는 과정이라 할 수 있다. 결국 생태헌법주의는 법이 생명을 위한 언어로 다시 쓰이는 과정이며, 한국이 그 전환의 선도 국가로 자리 잡을 가능성을 보여준다.

맺음말
생태적 전환을 위한 법의 재발명

　법은 인간 문명이 남긴 가장 정교한 질서의 언어였다. 인간의 이성과 사회계약 위에 세워진 법은 정의와 질서를 구현하려는 약속이었으며, 오랜 세월 인류의 문명을 지탱해 왔다. 그러나 21세기의 문명은 그 약속을 잊어가고 있다. 기후위기, 생물 다양성의 붕괴, 생태계의 구조적 손상은 법이 인간 사회의 안정만을 지키는 규범으로 머물 때, 더 이상 생명의 지속 가능성을 보장할 수 없다는 사실을 명백히 보여주었다. 이제 법은 문명적 질서의 수호자가 아니라, 생명 공동체의 회복을 위한 언어로 다시 태어나야 한다.
　이 책의 첫 장이 제기했던 질문—"법은 왜 자연을 잊었는가?"—은 이제 마지막 장에서 새로운 대답으로 이어진다. 법은 자연을 다시 기억해야 한다. 그리고 자연을 단순한 '객체'가 아니라, 함께 숨 쉬는 '주체'로 받아들여야 한다. 이것이 바로 생태법학이 요청하는 법의 철학적 전환이자, 법의 재발명(reinvention)이다. 독일 연방헌법재판소가 2021년 〈기후보호법〉 소송에서 "2030년 이후의 온실가스 감축 목표의 부재가 미래 세대의 기본권을 침해한다"고 선언한 것은 이러한 전환이 더 이상 이론이 아니라 법적 실천의 요청임을 보여주는 상징적 사건이다.

이어 한국 헌법재판소 역시 2024년 기후변화 대응 의무 확인 사건(2020헌마389 등)에서 "기후위기는 현세대뿐 아니라 미래 세대의 생존권에 직결되는 헌법적 사안이며, 국가는 기후변화 대응을 위한 적극적 정책 의무를 진다"고 판시했다. 헌법재판소는 특히 "국가의 불충분한 기후 정책은 미래 세대의 기본권을 실질적으로 침해할 수 있다"고 지적하며, 정부의 온실가스 감축 계획이 헌법상 환경권(제35조)과 생명권 보장 의무(제10조)에 부합하는지 여부를 엄격히 심사했다. 이 결정은 한국 법질서 안에서 생태헌법적 사고가 실질적 헌법 해석의 틀로 등장했음을 보여주는 획기적 전환점이다.

본서는 생태법학을 단순한 환경법의 확장으로 보지 않는다. 그것은 법학의 내부 구조, 권리 개념, 주체성의 이해, 그리고 국가·기업·시민의 관계를 새롭게 설계하려는 법학적 패러다임 전환이다. 생태법학은 인간 중심의 법질서를 넘어 다음과 같은 구조적 변화를 제안한다.

첫째, 법적 인격을 인간과 법인에 국한하지 않고 자연·공동체·

기술을 포함하는 다원적 인격성(plural personhood)으로 확장한다.

둘째, 권리 중심의 법질서를 책임과 조화의 균형 체계로 재편한다.

셋째, 외부 규제 중심의 환경법을 생태헌법과 생태기업법으로 내재화한다.

넷째, 사후적 책임에 머물렀던 법의 기능을 예방·복원·신뢰 구축의 윤리적 구조로 전환한다.

이러한 전환은 법의 진화를 넘어, 인류가 새로운 사회계약을 세우는 과정이자, 미래 세대를 위한 공공의 윤리를 법의 언어로 번역하려는 시도이다. 이론은 실천을 통해 완성된다. 본서는 다양한 세계의 사례를 통해 생태법학이 현실 속에서 어떻게 제도화될 수 있는지를 보여주었다. 에콰도르 헌법(2008)과 콜롬비아 헌법재판소의 아트라토강 판결(2016)은 자연을 헌법상 권리 주체로 인정했고, 뉴질랜드의 황가누이강 판결은 강 자체에 법인격을 부여하여 공동 대리인 제도를 도입했다. 유럽과 미국의 공공 목적 기업 제도는 이윤과 공익을 동시에 기업의 법적 목적에 포함했으며, 탄소배출권 거래제·ESG·PES·CDM 제도는 시장경제 속에서도 생태윤리를 구현하려는 법적 실험의 장이 되었다. 한국 또한 이러한 흐름 속에서 생태헌법 논의와 시민 헌법 운동, 그리고 법원의 자연권리 판례가 나타나고 있으며, 이는 생태법학이 이상이 아니라 제도의 언어로 구현되고 있음을 보여준다.

본서가 제안하는 공공 목적 법인격(public-purpose personhood)은 이러한 논의의 집약된 결론이다. 인간과 자연, 기술이 상호 의존하는 시대에 법적 주체성은 단지 권리를 주장하는 능력이 아니라,

공익을 실현하고 책임을 감당할 수 있는 제도적 구조를 포함해야 한다. 공공 목적 법인격은 자연과 인간의 공존적 가치를 실현하고, 법적 행위능력과 사회적 책임을 동시에 수행하며, 권리 간의 충돌을 조정하는 공동체적 윤리를 내포한다. 이는 크리스토퍼 스톤이 던진 "나무에게도 소송 능력을 부여할 수 있는가?"라는 질문을 넘어, 인공지능·로봇·우주 생태계까지 포괄하는 포스트 인간적 법 체계(post-human legal order)의 새로운 이정표가 된다.

법은 늘 권력과 질서의 언어였으나, 이제는 회복과 공존, 생명의 언어가 되어야 한다. 법이 인간문명의 발전을 이끌었다면, 이제는 생태문명의 설계자가 되어야 한다. 법이 인간만의 이익을 위해 존재한다면, 그 법은 결국 인간 스스로의 생존 기반을 파괴한다. 법이 지탱해 온 문명은 이제 생태적 전환의 문턱에 서 있으며, 생태법학은 그 전환의 언어를 제공한다.

이제 우리는 다시 물어야 한다.

"법은 누구를 위해 존재하는가?"
"법은 지금, 살아 있는 모든 존재를 어떻게 기억할 것인가?"

이 질문에 대한 대답이 바뀌는 순간, 법은 인간의 문명을 넘어 생명의 문명으로 진화할 것이다. 법은 더 이상 인간만의 도구가 아니라, 지구 공동체 전체의 언어가 되어야 한다. 생태법학은 그 언어를 새롭게 쓰려는 시도이다.

따라서 법의 재발명은 법의 종말이 아니라, 법의 재탄생이다.

법은 이제 인간의 언어로 생명을 기억하고, 생명의 언어로 인간을 구속하는 새로운 윤리의 체계가 되어야 한다. 그리고 그 재탄생의 순간, 법은 다시 생명의 편에 설 것이다. 법은 생명을 위한 언어로 다시 쓰여야 한다. 그것이 바로 생태문명의 시대, 생태법학이 우리에게 남기는 마지막 문장이다.

참고문헌

국회입법조사처(2022), 「ESG 공시제도와 입법 동향」, 『입법조사보고서』, 서울: 국회입법조사처.

김태성(2022), 「생태헌법 도입의 법적 쟁점과 방향」, 《공법학연구》 제29권 제2호, 301-335쪽.

박태현(2021), 「인류세에서 지구공동체를 위한 지구법학」, 《환경법과 정책》 제26권, 1-35쪽.

_____(2023), 「자연물의 법인격: '생태법인' 연구」, 《환경법과 정책》 제31권 제3호, 35-66쪽.

_____(2024), 「기후환경권과 국가 온실가스 감축목표의 헌법 합치성 검토: 탄소예산 접근법의 적용」, 《환경법과 정책》 제32권 제2호, 127-162쪽.

송호영(2021a), 「인공지능 로봇은 법인격을 가질 수 있는가?」, 《저스티스》 제184호, 83-113쪽.

_____(2021b), 「법인격의 형성과 발전: 새로운 법인격 개념의 정립은 필요한가?」, 《재산법연구》 제38권 제2호, 23-56쪽.

_____(2022), 「동물은 법인격을 가질 수 있는가?」, 《법학논총》 제39권 제1호, 187-220쪽.

신현탁(2019), 「인공지능(AI)의 법인격: 전자인격(Electronic Person) 개념에 관한 소고」, 《저스티스》, 서울: 한국법학원.

양천수(2018), 「법인의 인격권 재검토」, 《법학연구》 제58집, 163-191쪽.

이수경(2022), 「인공지능 기술에 있어서 법인격 부여와 책임론」, 《재산법연구》 제39권 제1호, 31-64쪽.

이해원(2021), 「인공지능과 법인격: 불법행위책임의 관점에서」, 《법조》 제70권 제4호, 208-245쪽.

이효원(2022), 「기후소송과 기본권 보호의 과제」, 《헌법학연구》 제28권 제1호, 53-81쪽.

조재광·최광준(2024), 「인공지능(AI)의 법지위와 법적 주체에 관한 연구」, 《경희법학》, 139-181쪽.

조희문(2018), 「환경집단소송의 이론적 모델과 브라질 검찰의 역할」, 《포르투갈-브라질연구》 제15권 제2호, 239-264쪽.

_____(2020), 「중남미에서의 자연권에 관한 이론과 실제」, 《외법논집》 제44권, 443-472쪽.

_____(2021), 「인간중심적 환경헌법에서 생태중심적 환경헌법으로: 라틴아메리카 국가들의 기여」, 《중남미연구》 제40권 제3호, 1-30쪽.

_____(2022a), 「한국법원판례에 나타난 자연권리와 법원의 역할」, 《강원법학》 제68호, 445-479쪽.

_____(2022b), 「환경인권과 환경자연권리: 생태주의 관점에서 본 환경인권 발전의 이론적 고찰」, 《외법논집》 제46권 제3호, 127-152쪽.

_____(2025a), 「동물의 법적 주체성에 관한 비교법적 연구: 라틴아메리카 판례 분석과 한국에의 시사점」, 《강원법학》 제79호, 279-318쪽.

_____(2025b), 「자연 권리 인정기준에 관한 비교법적 연구: 에콰도르 Los Cedros 사건과 콜롬비아 Atrato 사건을 중심으로」, 《외법논집》 제49권 제2호, 145-174쪽.

_____(2025c), 「생태세(Ecopocene) 시대의 법인격 재구성: 공익목적 법인격에 관하여」,《외법논집》제49권 제3호, 1-30쪽.

환경부(2021), 『제3차 국가기후변화적응대책(2021-2025)』, 세종: 환경부.

Bosselmann, Klaus(2008), *The Principle of Sustainability: Transforming Law and Governance*, Farnham: Ashgate.

_____(2015), *Earth Governance: Trusteeship of the Global Commons*, Cheltenham: Edward Elgar.

Boyd, David R.(2017), *The Rights of Nature: A Legal Revolution That Could Save the World*, Toronto: ECW Press. URL: https://ecwpress.com/products/rights-of-nature

Braidotti, Rosi(2013), *The Posthuman*, Cambridge: Polity Press.

Burdon, Peter D.(2013), "The Earth Community and Ecological Jurisprudence", *Oñati Socio-Legal Series*, Vol. 3 No. 1.

Calo, Ryan(2015), "Robotics and the Lessons of Cyberlaw," *California Law Review*, Vol. 103 No. 3, pp. 513-563.

Capra, Fritjof & Mattei, Ugo(2015), *The Ecology of Law: Toward a Legal System in Tune with Nature and Community*, San Francisco: Berrett-Koehler.

Carson, Rachel(1962), *Silent Spring*, Boston: Houghton Mifflin.

Cullinan, Cormac(2011), *Wild Law: A Manifesto for Earth Justice*, Chelsea Green Publishing. 박태현 옮김, 『야생의 법: 지구법 선언』, 로도스, 2016.

Earth Law Center(2021), *Earth Law Framework: Legal Rights for Nature*. URL: https://www.earthlawcenter.org/model-laws

European Commission(2022), *Corporate Sustainability Reporting Directive*(CSRD). URL: https://commission.europa.eu/business-economy-business/document/csrd_en

Freeland, Steven(2016), "Peaceful Purposes? Governing the Military Uses of Outer Space", *European Journal of Law Reform*, Vol. 18 No. 1, pp. 1-23.

Getches, David H.(2015), *Water Law in a Nutshell*, 5th ed., St. Paul MN: West Academic.

Global Alliance for the Rights of Nature(GARN)(2020), *Case Studies of Rights of Nature Implementation*, Quito: GARN.

Grossi, Paolo(2010), *A History of European Law*, Chichester: Wiley-Blackwell.

Gudynas, Eduardo(2011), "Buen Vivir: Today's Tomorrow", *Development*, Vol. 54 No. 4, pp. 441-447.

Haraway, Donna(2016), *Staying with the Trouble: Making Kin in the Chthulucene*, Durham NC: Duke University Press.

IUCN(2021), *Draft International Covenant on the Rights of Nature*, Gland: IUCN.

Jonas, Hans(1979), *Das Prinzip Verantwortung*, Frankfurt: Insel Verlag.

_____(1984), *The Imperative of Responsibility: In Search of an Ethics for the Technological Age*, Chicago: University of Chicago Press.

Kauffman, Craig M. & Martin, Pamela L.(2021), *The Politics of Rights of Nature: Strategies for Building a More Sustainable Future*, Cambridge MA: MIT Press.

Knox, John H.(2020), "Constructing the Human Right to a Healthy Environment", *Annual Review of Law and Social Science*, Vol. 16, pp. 79-95.

Lambert, Elisabeth(2020), *The Environment and Human Rights*, Strasbourg: Council of Europe. URL: https://rm.coe.int/report-e-lambert-en/16809c827f

Latour, Bruno(1993), *We Have Never Been Modern*, Cambridge: Harvard University Press.

_____(2017), *Facing Gaia: Eight Lectures on the New Climatic Regime*, Cambridge: Polity Press.

Leopold, Aldo(1949), *A Sand County Almanac*, Oxford: Oxford University Press.

Locke, John(1988[1690]), *Two Treatises of Government*, ed. Peter Laslett, Cambridge: Cambridge University Press.

Margil, Mari(2019), "The Emergence of Earth Law: A New Legal Paradigm for the Earth Community", *Vermont Law Review*, Vol. 44 No. 1, pp. 1-27.

Merchant, Carolyn(1980), *The Death of Nature: Women, Ecology, and the Scientific Revolution*, New York: Harper & Row. 전규찬 옮김, 『자연의 죽음: 여성, 생태, 그리고 과학혁명』, 서울: 미토, 2005.

Montenegro, Silvia(2009), "La inmigración árabe en Paraguay," in *Los Árabes en América Latina: Historia de una Emigración*, Madrid: Siglo XXI de España Editores / Casa Árabe-IEAM.

Murcott, M.(2017), "Transformative Environmental Constitutionalism's Response to the Setting Aside of South Africa's Moratorium on Rhino Horn Trade", *Humanities*, 6(4), 84.

Naess, Arne(1973), "The Shallow and the Deep, Long-Range Ecology Movement", *Inquiry*, Vol. 16, pp. 95-100.

OECD(2019), *Biodiversity, Natural Capital and the Economy: A Policy Guide*, Paris: OECD.

Ostrom, Elinor(1990), *Governing the Commons: The Evolution of Institutions for Collective Action*, Cambridge: Cambridge University Press.

Pelizzon, Alessandro(2024), *Ecological Jurisprudence: The Law of Nature and the Nature of Law*, New York: GARN Press.

Plumwood, Val(1993), *Feminism and the Mastery of Nature*, London: Routledge.

Rouquié, Alain(1994), *América Latina: Introducción al Extremo Occidente, traducción de Rosa Cuminsky de Cendero*, México: Siglo Veintiuno.

Santos, Boaventura de Sousa(2014), *Epistemologies of the South: Justice against Epistemicide*, London: Routledge.

Stone, Christopher D.(1972), "Should Trees Have Standing? - Toward Legal Rights for Natural Objects", *Southern California Law Review*, Vol. 45, pp. 450-481.

Taylor, Paul W.(1986), *Respect for Nature*, Princeton NJ: Princeton University Press.

Schlosberg, David & Collins, Lisette B.(2014), "From Environmental to Climate Justice: Climate Change and the Discourse of Environmental Justice", *Wiley Interdisciplinary Reviews: Climate Change*, Vol. 5 No. 3, pp. 359-374.

Thompson, E. P.(1993), *Customs in Common*, New York: New Press.

United Nations(2020-2022), *Harmony with Nature Reports*(A/75/266, A/76/301, A/77/233), New York: UN. URL: https://www.harmonywithnatureun.org/

United Nations Environment Programme(2019), *Environmental Rule of Law: First Global Report*, Nairobi: UNEP.

United Nations General Assembly(1982), World Charter for Nature, A/RES/37/7.

United Nations General Assembly(2019), Harmony with Nature: Report of the Secretary-General, A/74/236, pp. 122-131.

Voigt, Christina(2009), *Sustainable Development as a Principle of International Law*, Leiden: Brill Nijhoff.

Wood, Christopher(2014), *Environmental Impact Assessment: A Comparative Review*, 4th ed., London: Routledge.

생태법학 입문

법의 언어로 자연과 대화하는 법

1판 1쇄 발행 2025년 10월 31일

지은이 | 조희문
펴낸이 | 조영남
펴낸곳 | 알렙

출판등록 | 2009년 11월 19일 제313-2010-132호
주소 | 경기도 고양시 일산서구 중앙로 1455 대우시티프라자 715호
전자우편 | alephbook@naver.com
전화 | 031-913-2018, 팩스 | 02-913-2019

ISBN 979-11-994033-4-5 (93360)

* 이 책은 2019년 대한민국 교육부와 한국연구재단의 지원을 받아 수행된 연구입니다. (NRF-2019S1A6A3A02058027).

* This work was supported by the Ministry of Education of the Republic of Korea and the National Research Foundation of Korea(NRF-2019S1A6A3A02058027)

* 책값은 뒤표지에 있습니다. 잘못된 책은 바꾸어 드립니다.